KB187180

나는 더 이상
상처받고
싶지 않다

나는 더 이상
상처받고 싶지 않다

2014년 3월 20일 1판 1쇄 발행

지은이 | 김은성
펴낸이 | 양승윤

펴낸곳 | (주)영림카디널
　　　　서울특별시 강남구 강남대로 354 혜천빌딩
　　　　(전화) 555-3200 (팩스) 552-0436

출판등록 | 1987. 12. 8. 제16-117호
http://www.ylc21.co.kr

ⓒ 김은성, 2014

값 12,000원

ISBN 978-89-8401-182-3 03320

「이 도서의 국립중앙도서관 출판시도서목록(CIP)은
e-CIP홈페이지(http://www.nl.go.kr/ecip)와
국가자료공동목록시스템(http://www.nl.go.kr/kolisnet)에서
이용하실 수 있습니다.(CIP제어번호: CIP2014003165)」

관계가 불안한 당신에게 꼭 필요한 69가지 처방

나는 더 이상
상처받고
싶지 않다

KBS 아나운서 김은성 지음

영림카디널

책 사용 설명서

"우리는 불안하다. 아니 내가 불안하다. 오래전부터 '나는 할 수 있을 것이다.'라는 막연한 희망과 용기로 하루하루를 버텨 왔지만 이룬 것은 없고 마음은 답답하다. 힐링 열풍으로 세상의 수많은 멘토가 나타났지만 그들의 이야기를 듣고 잠시나마 위안을 얻을 뿐 나의 현실은 달라지지 않았다. 내 마음을 다독이고 할 수 있다고 말하지만 그들의 말처럼 세상이, 아니 나 자신이 변하지 않고 움직이지 않는다. 힐링과 멘토의 시대에 역설적으로 나는 더 불안하다. 겨우 지친 몸을 일으켜 마주친 세상은 녹록지 않다. 주변을 살펴보면 더 암담하다. 경제는 위기 상황이다. 거시 경제를 논하기 전에 내가 벌어 서울에서 집을 살 수 없다는 것은 명확해지고 있다. 취업은 어렵고 하우스 푸어는 넘쳐 난다. 홀로 사는 노인의 고독사 소식이 끊임없이 들려오고 이 땅에 청년 실업자는 늘고 있다. 내 인생의 돌파구가 어디인지? 어디서부터 시작해야 하는지 막막하다. OECD 국가 중 자살자가 가장 많은 나라. 지금 내가 사는 대한민국의 현실이다. 자살은 단절이다. 경제적 단절, 사회적 단절, 그리고 관계의 단절이다. 단절은 불안을, 불안은 치명적 결과를 가져온다.

우리의 불안은 이제 일상이 되었다. 이제 우리는 힐링의 전도사, 멘토의 몇 마디 말로는 이 위기와 불안을 근본적으로 해결할 수 없다는 사실을 알고 있다. 하지만 뾰족한 수가 없다. 그런 말이라도 들어야만 숨을 쉴 수 있을 것 같기 때문이다. 정말 최선을 다해 노력하지만 현실은 '휴우….'

이 불안을 극복할 수 있는 방법은 없을까?"

이처럼 우리는 불안합니다. 문제는 이 불안을 어떻게 극복해야 할지 모르고 있다는 점입니다. 커뮤니케이션과 스피치를 공부하고 강의와 컨설팅을 하는 저로선 불안의 근본

원인을 '관계 단절'에서 찾습니다. 우리 주변의 환경은 언제나 불안정합니다. 언제나 위기라는 말을 많이 합니다. 결국이런 상황을 극복하는 힘이 필요한데 바로 그 힘은 관계에서 나올 것입니다. 관계는 단지 다른 사람과의 관계만을 말하는 것은 아닙니다. 나와의 관계, 나와의 소통이 전제가 되어 있을 때 상대방과의 관계가 원활해집니다. 관계에서 우리는 삶의 의미를 찾고 행복감을 느낍니다. 또한 그 힘은 세상의 어려움을 이겨낼 수 있는 원동력이 됩니다. 예전에는 우리 주변에 마음을 나눌 수 있는 사람이 상대적으로 많았습니다. 그래서 그 사람과(어른이든 동년배든) 고민을 나누고 조언을 듣고 다시 시작할 힘을 얻게 됩니다. 그런데 요즘엔 마음을 나눌 사람이 많지 않습니다. 스마트폰 전화번호부에 많은 사람이 저장되어 있지만 내 고민까지 나누려고 하면 부담이 됩니다. 온라인상에서 많은 관계를 맺는다고 하지만 일시적이고 표피적인 것이 사실입니다. 그리고 솔직히 우리는 관계 맺기에도 익숙하지 못합니다. 진심을 전하는 관계 말입니다. 때로는 사람과 관계를 맺으면서 상처도 받습니다. 아주치명적인 상처를 받기도 하죠. 하지만 다시 사람과의 관계에서 회복하고 행복을 느낍니다. 관계는 결국 우리를 강하게 만듭니다. 여러분은 관계에 자신이 있으십니까?

아무쪼록 이 책이 불안을 극복하는, 관계를 회복할 수 있도록 돕는 작은 씨앗이 되길 기원합니다. 이 책을 읽으실 때 다음의 사항을 기억하시기 바랍니다.

첫째, 이 책은 세 부분으로 구성되어 있습니다.

관계 회복은 3단계로 이루어집니다. 우선은 나와의 소통, 자기 챙김입니다. 내가 건강하지 못하면 다른 사람과의 관계도 건강하지 못합니다. 나와 소통하는 방법에 관해 고민해보겠습니다. 다음은 상대방과의 소통, 상대 챙김입니다. 나와의 소통을 바탕으로 상대방과 진심으로 통할 수 있는 방법을 생각해 봅니다. 통로를 만들고 적절한 거리를 유지하는 방법을 알아봅니다. 마지막은 관계의 기술입니다. 나와 상대방의 소통이 잘 이루어졌다고 해서 모든 것이 다 된 것은 아닙니다. 관계를 맺을 때는 여러 가지 기술이 필요하기 때문입니다. 매력, 스피치, 설득, 질문, 갈등, 토론 등 가장 기본적인 기술을 살펴보겠습니다. 이때 중요한 것은 자기 챙김과 상대 챙김이 선행되었을 때 이 기술이 의미가 있다는 점입니다.

둘째, 이 책은 에피소드와 실험 내용 등으로 구성되어 있습니다.

에피소드와 실험 내용 등을 제시하고 그것과 관련된 짧은 메시지를 전하는 방식으로 구성하였습니다. 하지만 교훈, 강요된 메시지를 전하지는 않았습니다. 여러분이 내용을 읽고 스스로 느끼고 생각하시면 좋을 듯합니다. 또한 개별 에피소드가 다 논리적으로 연결되어 있지는 않습니다. 보통 자기계발서에는 모든 글이 논리적으로 연결되어 있지만 이 책은 그렇게 하지 않았습니다. 따라서 부담을 갖지 말고 각 에피소드의 내용을 편안하게 음미하시면 좋겠습니다. 아침에 따뜻한 밥 한 그릇 먹듯이 한 장 한 장 읽으시며 일상 속에서 도움이 되길 바랍니다.

셋째, 이 책의 내용을 읽고 마음이 움직인다면 실천하시면 좋겠습니다. 책에 인용한 다양한 사례와 실험 내용 등은 여러 의미로 해석할 수 있습니다. 중요한 것은 그 의미를 느끼고 실천하는 것입니다. 마음이 움직인다면 바로 옆에 있는 그 사람에게 실천해 보시길 바랍니다.

관계는 기술이 아닙니다. 진심입니다. 그 진심은 먼저 나에게 향해야 합니다. 그리고 상대방에게 향해야 합니다. 그런 과정에서 나 자신이 건강해질 것입니다. 건강하면 불안한 세상을 이길 수 있는 힘이 생깁니다. 나를 사랑하고 다른 사람을 사랑하는 과정에서 자신의 진짜 모습이 완성됩니다. 바로 옆에 있는 그 사람과 지금 시작해 보시면 어떨까요?

– 광화문에서 김은성

Chapter 04

관계에서 상처받지 않는 소통의 기술 :
스피치, 매력, 대화, 갈등, 설득

관 계 가 불 안 한 당 신 에 게 꼭 필 요 한 6 9 가 지 처 방

Chapter 01

관계는 나를 강하고,
행복하게 만든다

01

우리는 관계한다.
고로 존재한다

그곳은 사람이 살 수 있는 곳이 아니다. 지하에 있어 습하고 답답하다. 그곳은 무덤이다. 300년 동안 사람이 살아왔다. 대를 이어왔고 그곳에서 태어나 햇빛을 한 번도 보지 못하고 산 사람도 있다. 키는 150센티미터 이하이고 평균 수명도 짧았다. 그들은 바로 로마의 박해를 피해 지하 무덤으로 숨어든 기독교인들이었다. 그들이 300년 동안 생활한 곳은 지하 무덤 카타콤Catacomb이다. 지금도 안내인이 없이 들어가면 나오는 길을 잃어 사고가 나는 곳이다. 미로의 형태로 지하 깊숙이 설계된 카타콤. 그들은 어떻게 살 수 있었을

까? 어떻게 어려움과 불안을 이길 수 있었을까?

서울대학교 노화고령사회 연구소에서는 100세 이상 장수하는 노인들의 특징을 분석했다. 우리나라뿐 아니라 전 세계 장수마을을 찾아가 그들의 공통점을 찾아보았다. 대표적인 특징은 세 가지이다. 그중 두 가지는 우리가 귀가 따갑도록 들었던 것이다. 바로 운동과 채소를 중심으로 한 소식小食이다. 그리고 세 번째는 바로 관계성이다. 경남 함양에 사셨던 100세가 넘으신 할아버지의 하루 일과는 옆 마을에 사는 친구를 만나는 일이다. 그 마을에 가기 위해서는 산 하나를 넘어야 하는데 이틀에 한 번씩 5킬로미터가 넘는 그 길을 마다하지 않고 가신다. 그 마을에 한두 시간 남짓 머문다. 하지만 할아버지에게는 낙이며 기쁨이다. 두 어르신은 길을 걷고 운동을 하고 마음을 알아주는 친구를 만나며 백 세 넘게 장수하셨다.

2년에 걸쳐 세계 100여 명의 학자에게 행복에 관해 물었다. 각 나라의 상황에 맞게 행복에 대한 1,000개의 단어가 조사되었다. 그 단어를 관통하는 하나의 키워드는 바로 관계이다. 사람은 사람과의 만남에서 삶의 의미를 깨닫고 행복을 느낀다. 나 혼자서는 살 수 없다. 그런데 더 중요한 것은 나와의 관계도 중요하다는 것이다. 내가 나를 잘 알지 못하면 선택의 상황에서 우왕좌왕 할 수밖에 없다. 내가 하는 일은 엉망이 될 것이고 자신에 대한 실망감으로 나를 자책할 것이다. 그것은 다른 사람과의 관계에도 영향을 미쳐 결국 관계가 단절되어 나락에 떨어지게 된다.

우리는 관계한다. 고로 존재한다.

지하 무덤 카타콤에서 기독교인들이 생존할 수 있었던 것은 관계 덕분이다. 신과의 관계인 신앙이 가장 결정적이었겠지만, 서로의 관계 또한 무시할 수 없다. 최악의 상황에서 그들은 관계의 끈으로 수백 년을 버텼다. 그리고 그들은 살아남았다.

할아버지는 친구를 만나기 위해 수 킬로미터의 멀고 험한 길을 걸어야 했지만 역시 친구와의 관계로 행복했다. 친구를 만나는 것은 삶의 낙이자 행복이다. 나를 알아주고 이해해주는 친구를 만나러 가는 길은 힘들기보다 설레었을 것이다. 그런 건강한 관계에서 할아버지는 심신의 건강까지 얻게 되었다.

우리는 행복하기 위해 돈을 벌고 일을 하지만 어느 순간 돌아보았을 때 불안감을 느낀다. 이게 아니었는데 하는 순간, 무엇을 어떻게 해야 좋을지 모르겠다. 그러나 그것은 멘토의 몇 마디로 위안을 얻을 수 있지만 해결할 수는 없다. 바로 지금 내 옆에 있는 사람과의 관계가 필요한 것이다. 관계를 맺으며 나는 강해진다. 더 나아가 행복해진다. 더불어 다른 사람과의 관계도 더욱 풍성하게 맺을 수 있게 된다.

지금 내가 불안한 이유는 불확실한 미래, 경제적 위기, 보장되지 못한 현실 등에서 비롯된 것으로 보이지만 사실 관계에서 비롯된 측면이 강하다. 관계를 견고하게 하여 사회적 면역력이 높아지면 그것은 다른 사람과의 관계로 이어져 나는 강해진다. 그 강함은 이 세상에서 내가 살아갈 수 있는 힘이다. 세상을 살아가는 것은 늘 힘들고 어렵다. 그 험한 세상을 이길 힘은 사람에게 있다.

관계 회복은 행복으로 가는 길이다. 타인과의 관계, 나와의 관계가 건강하면 그 바탕에서 새롭게 시작할 수 있다.

선택의 역설

사람들은 자기가 먹고 싶은 잼을 고른다. 한쪽에는 스물네 가지, 다른 쪽에는 여섯 가지가 있다. 어느 쪽에서 선택한 사람이 시간이 지날수록 만족감이 커졌을까? 상식적으로는 보다 많은 종류 중에서 선택한 사람이 만족감이 클 것으로 생각하지만 결과는 달랐다. 여섯 가지 중에서 선택한 사람이 만족감이 컸으며 심지어 잼을 구입하려는 의지도 강했다. 반면 스물네 가지 중에서 선택한 사람이 잼을 구입한 정도는 3%에 그쳤으며 만족감도 상대적으로 적었다. 컬럼비아 대학교 경영학과 아이엔가Sheena Iyengar 교수가 '선택의 폭과 자유는 만족감과 비례하지 않음'을 보여준 유명한 실험이다.

문명이 발달하기 전에 나방은 달빛만 보고 비행을 했다. 명확한 목표를 가지고 비행을 했기 때문에 효과적으로 목표물에 도달할 수 있었다. 그러나 전구가 발명되면서 나방은 악몽에 시달리게 되었다. 달빛보다 더 밝은 수많은 빛이 생겼기 때문이다. 나방은 어디로 방향을 잡을지 모르고 혼란스러워하다가 결국 전등 주위를 맴돌다 죽게 된다. 선택의 자유가 늘어나는 것은 역설적으로 우리에게 이득이 되지 않을 수 있다.

요즘 결혼할 상대를 찾기 어렵다고 한다. 마음에 드는 사람이 너무 많거나 혹 다른 사람을 만날 수 있지 않을까 하는 기대감에 선택하기가 어렵다고 한다. 스마트 기기가 지금처럼 발달하지 않았던 시절에는 선택의 폭이 좁았다. 한 마을에 살면서 만날 수 있는 이성의 수가 한정되어 있었기 때문이다. 신중히 고민하여 선택하고 인연을 맺었다. 그에 비해 우리는 다양한 사람을 만나며 경험할 수 있다. 하지만 그런 다양한 선택의 폭이 혹 관계의 깊이를 해치고 있는 것은 아닐까? 양은 많아졌지만 질이 떨어지는 것은 아닐까? 형식적인 만남은 많은 반면 진정 나를 아껴 주는 사람과의 만남은 어떠한가? 만남의 횟수와 관계의 만족도가 비례하는 것은 아닐 것이다. 때로는 적절한 구속이 필요한 것이다.

선택할 수 있는 것이 많을수록 리스크와 부작용이 커질 수 있다. 선택 대안이 많아질수록 포기해야 하는 것이 많아지고 그만큼 후회를 하게 된다. 또한 선택한 것에 대해 기대도 커져 실망할 가능성이 높아진다. 우리에게는 자유와 함께 적절한 구속이 필요하다.

혹 우리는 휴대전화에 저장된 전화번호 개수를 보며 내가 인간관계가 좋은 것으로 착각하고 있지는 않은가? 수많은 모임과 커뮤니티에 가입한 것으로 나의 관계가 튼튼하다고 착각하고 있지는 않은가? 예전보다 아는 사람이 많아졌지만 나를 인정하고 믿어 주는 사람은 그리 많지 않다. 풍요 속의 빈곤이다. 우리 관계의 현주소일 수 있다. 내가 힘들고 지쳐 쓰러질 때 아무 조건 없이 나를 보듬어 줄 사람이 당신 곁에 있는가?

우리는 많은 사람을 만날 수 있지만 한 사람과 관계를 맺는 것은 능숙하지 못하다. 자유롭게 생각하고 활동하지만 누군가와의 관계에서 만족을 얻기는 쉽지 않다. 지금 이 순간 눈을 들어 주변을 둘러보자. 사무실이라면 모두 다 자신의 일을 하고 있을 테고, 카페와 지하철, 공공장소라면 거의 모든 사람이 스마트 기기를 가지고 혼자 놀기에 빠져 있을 것이다. 기기와의 관계는 발전하고 있지만 바로 내 옆에 있는 단 한 사람과의 관계는 멀어지고 있다.

관계는 사람과 사람이 만나 시간, 대화, 정서, 공간을 공유하며 서로 알아 가는 과정이다. 단순히 몇 번 통화하고, 몇 번 만난다고 관계가 깊어지지 않는다. 지금 바로 내 옆에 있는 사람이 휴대전화 속에 형식적으로 저장된 수많은 사람보다 중요하다. 관계는 선택의 폭이 아니라 깊이이다.

03

소통도 배워야 한다

미국 캔자스 대학교 하트Betty Hart와 리슬리Todd Risley 교수는 '어린 시절 거실에서의 발화 수'에 관한 연구를 했다. 소통이 잘되는 가정은 시간당 3천 단어 이상을 쓴다는 것을 밝혀냈다. 그렇지 못한 가정은 평균 800~1,000개의 단어를 사용했다. 그것도 신변잡기의 일상적인 언어가 대부분이었다. 흥미로운 점은 3,000개 이상의 단어를 사용한 가정에서 자란 아이가 성장한 후에 성적이 좋았고 사회 적응력도 뛰어났다는 사실이다. 1년 동안 어떤 아이는 1,100만 개의 어휘를 듣고 말하는데 어떤 아이는 300만 개에 그친다면 차이가 날 수밖에 없다.

3,000개의 단어 중에는 관계와 관련된 부분이 많았다. 하루의 일과, 서로의 안부, 고민 등 사람과 사람 간의 상호작용과 관련된 단어가 많은 반면 대화가 없는 가정은 지시적이고 권위적인 단어가 많았다. "이거 해 저거 해, ~하자" 등이다.

우리는 어린 시절에 관계적 언어를 배우고 사용하면서 다른 사람과 관계를 맺는 기본적인 훈련을 받게 된다. 어린 시절에 이러한 경험이 부족하면 성인이 되었을 때 관계에 어려움을 겪게 되기도 한다. 같은 맥락으로 핵가족화되면서 관계를 맺는 것에 어려움이 늘어난 측면이 있다. 집안에 어른이 있다는 것은 멘토가 있다는 것과 다름없다. 아버지가 할아버지를 대하는 모습을 자연스럽게 보고 자란 아이는 사회에서도 어른을 만날 때 어떤 태도를 가져야 하는지 알게 된다. 지금보다는 자유롭지 않았지만 가족과 살면서 다른 사람과의 관계를 배울 수 있다.

어떻게 보면 대가족은 관계의 훈련소였다. 삼대가 모여 살며 서로의 이견을 조율하고 갈등을 이겨나가는 방법을 깨닫게 된다. 형제자매끼리 다툼이 발생했을 때 어른들이 무서워서라도 조심했고 갈등이 생기면 중재자가 나타나 그 상황을 합리적으로 정리할 수 있도록 도와주었다. 문제가 생기면 서로 의논하는 분위기였다. 아이들은 그런 환경 속에서 소통과 관계 맺기의 기술을 자연스럽게 체득하게 된다. 하지만 지금 우리의 가정은 어떠한가? 밥을 먹으면서도 대화를 하기보다는 각자의 일(TV, 스마트폰, 신문 등)만 하고 있다.

관계와 소통의 문제는 가정의 문제이다. 가정에서의 대화 환경은 아이들의 소통 능력에 직접적인 영향을 준다. 부모는 가정에서 질문 촉진자가 되어야 한다. 아이들과 함께 이야기 나눌 수 있는 열린 분위기를 만들어야 한다.

평상시 부모가 본보기가 되어야 한다. 서로 존중하고 대화하는 모습을 보여 주는 것이 필요하다. 소크라테스가 그리스 젊은이들에게 한 것처럼 인내와 애정을 갖고 아이들에게 질문해 보자. 소크라테스는 설령 자기가 알고 있는 내용이라 하더라도 상대방을 무시하지 않았다. 있는 그대로 인정하고 경청했다. 또한 그리스 젊은이들에게 관심을 가지고 있어서 질문거리를 많이 가지고 있었다. 사람에게 관심이 없으면 질문할 수 없다. 질문을 하더라도 한정적일 수밖에 없다. 아이와의 관계 회복은 관심에서 시작된다.

04

소통은 진화를
거스르는 작업이다

미국의 과학전문지 〈사이언스〉에서 '돈이 사람의 성향을 어떻게 바꾸어 놓는지' 다양한 실험을 했다. 게임을 할 때 1,000달러와 200달러의 판돈이 걸린 경우와 판돈이 걸리지 않은 경우를 설정해 놓은 후 게임이 끝나고 다른 사람이 도움을 요청할 때 어떤 반응을 보이는지 지켜보았다. 여러 변인을 고려해 본 결과 판돈이 많이 걸린 게임이 끝난 후 다른 사람의 도움을 거절했다. 그리고 혼자서 영화 CD 세 편을 볼 것인지, 아니면 다른 사람과 비용을 지불하고 영화를 볼 것인지를 선택하라고 했을 때 돈이 개입되는 경우 거의 모두 개인적인 선택을 했다. 결국 돈이 개입되면서 개인적 성향을 보이게 되어 있다.

일만 하며 승승장구하고 있는 아버지가 어느 날 고등학생 아들과 외식을 하게 되었다. 워낙 오랜만의 일이라 아버지는 물론 아들도 어색하기만 하다. 식당으로 가는 차 안은 적막하기 그지없다. 식당에 도착하자 아버지는 고심 끝에 대화를 시작한다. "너 요즘 공부는 잘하니?" 아들은 버럭 화를 내며 나가 버린다. 어떻게 보면 바쁘게 사는 우리네 가장의 솔직한 모습이 아닐까 싶다. 몇 번의 이벤트로 가까워질 수는 없다. 우리는 거대한 경쟁사회에 살고 있어 일에 몰입하다 보면 정작 우리에게 중요한 것을 잃게 된다. 그것은 바로 관계이다.

우리는 자본주의 시스템 안에 있다. 예전에는 마을 공동체 안에서 품앗이를 하며 살았지만 산업화를 거치며 경쟁 시스템에 돌입한 지금, 나의 성공, 나의 만족을 위해 밤낮없이 살아야 하는 숙명에 놓여 있다. 돈이 많은 사람은 당연히 일이 많을 수밖에 없다. 자연히 친구, 가족과 함께 시간을 보내기가 어려워진다. 그러면 서먹해진다. 당연히 대화도 잘 이루어지지 않는다. 관계는 멀어지고 서로가 고립되는 것이다.

한편으로 소통은 진화를 거스르는 작업이다. 뇌의 전두엽 옆에는 거울뉴런이라는 공감을 담당하는 부분이 있다. 우리는 거울뉴런으로 상대방의 마음을 헤아리도록 설계된 것이다. 하지만 우리가 몸담고 있는 사회는 경쟁과 선택이라는 가혹한 원칙을 강요한다. 이 사회에서 살아남기 위해 우리는 나를 중심으로 진화해 왔다. 특히 자본주의 경쟁 시스템 안에서 우리는 더욱 자기중심적이 된다. 성공하기 위해 일 중심으로 생활하다 보면 우리는 외톨이가 되기 쉽다. 협업을 한다고 하지만 진심 어린 관계보다는 전략적인 만남이다. 점점 그 상황들이 익숙해진다. 그러다 불안해지고 사람이 필요해지는 시점이 되면 외로움을 느낀다. 관계를 회복하려고 애쓰지만 뜻대로 되지 않는다. 다른 사람과 관계를 맺는 것에 서툴 뿐 아니라 내게 필요한 사람은 지금 내 곁에 있지도 않다. 진화를 거스르는 작업인 소통과 관계를 유지하기 위해서는 생활 속에서 끊임없는 노력이 필요한 것이다.

05

뇌의 세 부분

"한 잔만 더하자. 응?" 친구의 달콤한 유혹이 시작된다. 요즘 들어 술을 많이 마시면 필름이 끊기고 사고를 친다. 얼마 전에도 지갑을 잃어버려 큰 낭패를 봤다. 오늘 술자리에 오기 전에도 1차만 참석하고 일어나기로 결심했건만 벌써 2차를 끝내고 3차를 가려고 한다. 술기운이 오르니 3차도 가고 싶다. 내일 일은 내일 생각하자. 그 날 또 사고를 쳤다.

우리의 뇌는 세 개의 구조로 되어 있다. 투쟁·도피의 기능만 가지는 본능적이고 현실만 직시하는 파충류의 뇌, 그리고 감정을 주관하고 과거를 반영하는 포유류의 뇌, 가장 이

성적이고 논리적이며 미래를 고려하는 영장류의 뇌이다. 세 개의 뇌는 상호작용을 하며 상황에 따라 강해지는 뇌가 전체를 지배한다. 우리는 화가 나거나 복잡한 일을 해서 심신의 면역력이 떨어질 때 파충류의 뇌가 전체를 지배하게 된다. 운전은 뇌로서는 꽤 피곤한 작업이다. 여러 가지 데이터를 분석하고 적용하기 때문이다. 그 상황에서 누가 끼어들거나 화가 나는 일이 생기면 파충류의 뇌가 반응하여 욕을 하게 되는 등 평상시와 다른 모습을 보여 준다. 화가 나거나 감정의 폭풍우 속에 휩싸여 있을 때 많은 실수를 하지 않는가? 지금 나는 어떤 상황에 있으며 어떤 뇌의 지배를 받고 있는지 고민해 볼 일이다.

갈등하는 순간 우리는 파충류가 된다. 그리고 후회할 일을 저지르게 된다. 찰나를 이기지 못해 우리는 후회하고 좌절한다. 그것이 바로 우리의 모습이다. 사람을 만나면 갈등과 분노가 생길 수 있다. 중요한 것은 그것을 어떻게 해결해 나가는가이다. 부부 사이가 늘 좋을 수만은 없다. 싸우기 마련이다. 중요한 것은 어떻게 화해하여 마무리하는가이다. 뇌가 파충류의 뇌나, 감정이 휩싸인 포유류 뇌일 때는 관계를 맺을 때 신중해야 한다. 반대로 상대방이 그런 상태일 때 나

역시 조심스럽게 다가가야 한다. 내가 현재 어떤 상태인지를 파악하는 것, 그리고 내가 굉장히 불안정한 존재라는 것을 아는 것은 관계에 있어 중요하다.

06

설망어검 舌芒於劍

오하이오 주립대학교 의과대학에서 실험을 했다. 혼자 사는 사람 80명과 부부 40쌍의 팔에 약간의 상처를 냈다. 그리고 치유 속도를 측정했는데 부부의 회복 속도가 혼자 사는 사람보다 두 배 이상 빨랐다. 특히 부부간 대화 시간과 정도가 더 깊을수록 회복 속도는 더 빨랐다. 관계는 몸의 상처까지 더 빨리 회복시키는 힘을 가지고 있다.

타인과 관계를 맺는 다리는 역시 말이다. 말을 주고받으면서 서로의 마음을 확인하고 신뢰의 통로를 만들어 나간다. 그 통로가 더 튼튼해지려면 말과 행동이 일치해야 한다.

그런데 우리 모두 알다시피 학교 현장의 언어오염은 심각하다. 관계의 도구가 회복이 어려울 정도로 망가져 버렸다. 고등학교 교실에서 학생들만 있는 약 두 시간 동안 욕을 얼마나 사용하는지 조사한 결과 평균 26초에 한 번씩(심지어 두 시간 동안 쉬지 않고 11초마다 욕을 하는 학생도 있었다.) 욕을 하는 것으로 나타났다. 상대방을 비하하거나 성적인 내용인 담긴 속어, 욕설뿐 아니라 자신들만의 은어와 유행어로 자신들만의 언어세계를 구축하고 있다.

바른말을 사용해야 하는 것은 자명한 사실이다. 언어는 관계를 맺는 도구인데 그것이 오염되고 잘못된 방법으로 사용되면 타인에게 상처를 줄 수 있고 관계가 훼손될 수 있기 때문이다.

쌀밥을 두 용기에 나누어 담았다. 한쪽에는 한 달 동안 욕이나 거친 말을 했고, 다른 쪽에는 따뜻하고 배려가 담긴 말을 했다. 한 달이 지난 후 욕만 한 밥에는 검은 곰팡이가 핀 반면 따뜻한 말을 한 밥에는 하얀 곰팡이만 있었다. 우리의 언어는 타인을 공격할 수도, 타인을 안아줄 수도 있다.

더 나아가 감정 섞인 말과 언어폭력을 사용하면 뇌가 공격을 당한다. 어휘력과 인지능력, 감정 조절에 문제가 생기며 언어폭력의 악순환을 겪게 된다. 나쁜 말을 들으면 우리는 인지적 각성 상태가 되어 다시 감정적인 말을 하게 되는 것이다. 따라서 타인에게 감정 섞인 말이나 자기중심의 말을 한 것은 아닌지 반성해야 한다.

설망어검舌芒於劒은 혀가 칼보다 날카롭다는 말이다. 원래는 촌철살인의 날카로운 비판을 말하지만 요즘 같은 시기에는 다른 뜻으로 되새겨볼 만하다. 칼의 상처는 아물면 되지만, 말의 상처는 마음에 남는다는 사실이다.

나를 믿어 주는 한 사람

미숙아로 태어났다. 그의 아버지는 두 살이 되던 해에 돌아왔지만 여덟 살 때 부모님이 이혼하면서부터 혼자 자랐다. 그 이후로 부모님을 다시 만나지 못했다. 다른 한 아이는 부모님이 곁에 있었지만 어머니가 정신 장애를 앓고 있어 어린 시절부터 어머니의 폭력에 시달려야 했다. 어린 시절에 겪은 정신적·육체적 폭력으로 아이는 정신적인 장애가 생겼다.

객관적으로 열악한 상황에 처했던 두 아이는 고등학생이 되었을 때 친구들에게 인기가 있고 공부도 잘했으며 몸도 건강했다. 그들이 건강하게 성장할 수 있는 이유는 무엇이었을까?

발달 심리학자인 워너E. E. Werner와 스미스R. S. Smith는 야심차게 연구를 시작했다. 바로 아이들의 성장하는 과정을 추적·조사하는 종단연구였다. 하와이 북서쪽에 위치한 카우아이 섬은 외부와 교류가 활발하지 않았고 환경은 열악했다. 1955년 카우아이에서 태어난 833명을 대상으로 그들이 성장해 나가는 과정을 조사했다. 최악의 환경에서 태어난 아이들이 어떻게 성장하는지를 밝히는 것이었다. 그런데 시간이 지날수록 이상한 현상을 발견하게 된다. 부정적이고 탈선을 할 것 같은 아이들, 즉 고위험군(201명)의 35%가 성실하고 바르게 성장하고 있다는 사실이다. 그래서 두 연구자는 방향을 다시 잡는다. 불우한 환경에서 그들이 바르게 성장하게 된 원인을 찾고자 한 것이다.

그들은 연구결과 '관계'라는 결정적 요인을 발견하게 된다. 불우한 환경이었지만 그들을 믿고 지켜보는 단 한 사람이 있었다는 것이다. 할아버지, 친구, 선생님, 어머니, 아버지, 동생 등 자신을 믿어 주고 지지하는 사람 말이다. 그 사람과의 관계에서 그들은 자신의 삶을 긍정하며 성실히 자라

온 것이다. 바로 여기에 관계의 중요성이 있다.

　우리는 혼자 살 수 없다. 아니 혼자 살 수는 있지만 그 삶은 아마 힘들고 외로울 것이다. 성공을 해도 관계의 회복 없이는 쓸쓸한 모습으로 자신의 삶을 마무리하게 될 것이다. 나를 믿어 주는 단 한 사람이 있어 우리는 세상을 살아갈 힘을 얻고 휴식을 취하며 위로를 받는다. 지금 당신 곁에 그 사람이 있는가?

08

관계는 통로 만들기

관계를 한마디로 말하면 통로 만들기라고 생각한다. 상대방과 내가 소통할 수 있는 창구를 만드는 것이다. 오늘도 우리는 수많은 사람을 만나지만 지나쳐 버리는 경우가 많다.

관계를 맺을 때는 기초공사가 필요하다. 상대방이 당신에게 꼭 필요한 존재라는 것을 알려 주는 것이다. 내가 당신을 필요로 한다는 메시지를 전하는 것이다. 관계를 맺으려는 인간적인 관심을 갖고 있기에 상대방 중심의 언어로 메시지를 전하게 된다.

한 사람이 있다. 그 사람은 수많은 논리와 근거로 상대방을 설득했다. 갖은 미사여구를 늘어놓고 많은 말을 하며 노력한다. 그러나 설득에 실패했다. 또 다른 한 사람이 있다. 말하는 기술은 떨어진다. 심지어 답답하기까지 하다. 하지만 상대방을 설득했다.

이 두 사람의 근본적인 차이는 무엇일까? 바로 관계 맺기, 통로 만들기를 얼마나 잘 이루었는가이다. 물론 다른 조건도 있겠지만 말을 잘하는 사람은 자기중심의 언어를 사용했을 확률이 높다. 자기 방식대로 열심히 준비하고 접근한 것이다. 입사 면접에서 자신의 스펙만 나열하는 꼴이다. 반면 기술은 떨어지지만 설득에 성공한 사람은 상대 중심의 언어, 그리고 그동안 통로 만들기를 잘 한 사람일 것이다.

통로를 만들면 그 공간으로 메시지가 전달되어 상대방의 메시지도 나에게 흘러들게 되어있다. 우리는 자기중심으로 일상생활을 하기 때문에 생각의 근본적인 변화가 없이는 일상생활에서 통로 만들기가 녹록지 않다. 그 통로가 튼튼한가는 외부에서 어려움이 닥칠 때 알 수 있다. 당신도 관계의 통로가 얼마나 튼튼한지 확인해 볼 필요가 있다.

09

고슴도치의 지혜

"사람과 사람 사이, 그것은 호저들의 안타까운 모순 속에 숨어있다. 자아의식과 집단의식, 인간의 삶은 추위 속에 호저와 같다." 철학자 쇼펜하우어의 말이다. 추운 겨울, 호저(고슴도치의 일종) 두 마리가 밖에 나와 있다. 이 둘은 긴 밤을 힘겹게 이겨내야 한다. 이들이 의지할 수 있는 것은 오로지 서로의 체온뿐이다. 하지만 문제가 있다. 가시가 서로를 찌른다는 사실이다. 그들은 수많은 시행착오 끝에 적절한 거리를 찾는 지혜를 발휘한다.

앞서 말한 통로 만들기와 배치되는 것처럼 보이지만 역설적으로 관계 맺기의 또 다른 정의는 거리 두기이다. 아무리 친하게 지낸다고 해도 상대방의 내밀한 부분까지 다가가면 갈등이 생기게 마련이다.

내가 아들 이야기를 열심히 하고 있는데 상대방이 그 어떤 반응도 보여 주지 않는다면 이야기를 멈춰야 한다. 그런데 우리는 "당신 아들은 어때?"라고 내 중심의 언어를 사용한다.

관계는 사교댄스와 비슷하다. 서로 배려하며 리드하는 것이다. 상대방이 허용한 범위 안에서 소통하고 조금씩 다가가는 것이다.

적절한 거리. 그것은 관계의 지혜이다. 법칙이나 공식이 있는 것이 아니라 상황에 따라 거리를 조율해 나가는 것이다. 통로 만들기와 거리 두기를 조화롭고 균형 있게 만드는 것이 관계의 황금률이다.

마음의 빗장을 열어라

당신은 가정과 조직, 모임에서 믿고 의지할 만한 사람이 있는가? 그 사람도 당신을 그렇게 생각하는가? 관계는 우리 삶에 있어 절대적으로 필요하다. 하지만 그 관계를 내가 잘하고 있는지 판단하기는 어렵다. 관계의 특성을 기준으로 나의 관계가 건강한지 체크해 보자. 먼저 건강한 관계는 상호작용성의 특징을 가진다.

상호작용성interaction은 대화의 빈도와 질의 문제이다. 타인과 이야기를 할 때 얼마나 적극적으로 서로의 이야기를 듣고 반응하는가이다.

방송에서 어떤 진행자는 부드럽고 자연스럽게 대화를 이끌지만, 어떤 진행자에게서는 단절감이 느껴진다. 후자와 달리 전자는 상대방과 상호작용을 하기 때문이다. 즉 질문을 하고 상대방의 이야기를 경청한다. 그리고 추가로 궁금한 것을 더 물어본다.

상대방은 자기가 한 이야기에 반응을 보여 준 덕분에 좋은 기분으로 다른 이야기도 하게 된다. 그런데 후자의 경우 진행자가 자신이 준비한 질문만 던지면서 이야기를 자세히 듣기보다는 온통 다음 질문에만 신경을 쓴다. 그러니 대화가 부드럽게 이어지지 못하는 것이다.

생각해 보자. 관계를 맺고 있는 사람과 부드럽게 대화를 주고받을 수 있는가? 일방적으로 내 이야기를 하거나 상대방의 이야기만 듣고 있는 것이 아니라 자연스럽게 서로 이야기를 하게 되는지 말이다.

이상적인 관계는 상호작용이 잘되는 마치 시소 같은 것이다. 어느 한쪽이 주도하는 것이 아니라 주거니 받거니 하며 관계의 통로가 튼튼하다.

다음으로 개방성이다. 다음의 대화를 살펴보자.

A : 좋은 아침입니다. 주말은 잘 보내셨나요?

B : 그럭저럭 보냈습니다. 한 것도 없는데 피곤하네요.

A : 등산 좋아하시는 것 같은데 요즘도 하시나요?

B : 얼마 전에 일이 있어 그만뒀어요.

A : 무슨 일이 있었어요?

B : 뭐 별거 아니에요. 그나저나 주말에는 뭐하셨어요?

A : 저도 그냥 보냈죠 뭐.

　분명히 이 두 사람은 서로 대화를 이어갔다. 하지만 관계성이 높은 대화라고는 할 수 없다. 왜 그럴까? 그것은 서로 마음을 열지 않았기 때문이다. 한마디로 겉도는 형식적인 수사만 오간 것이다.

　강연은 짧은 시간에 수많은 청중과 관계를 맺는 것이다. 필자가 박사학위를 받은 2006년부터 강연을 시작하면서 깨달은 것 중 하나는 먼저, 필자의 이야기를 하며 마음을 열 때 청중과 관계를 맺기가 더 수월해진다는 사실이다. 3,000명의 청중 앞에서 강연을 할 때 절정은 모든 청중이 필자의 이야기에 몰입해 공감하는 순간이다. 바로 옆에 앉아 이야기를 듣는 것처럼 말이다.

주변을 살펴보면 인기가 많거나 친구가 많은 사람은 모두 자기를 잘 여는 사람이다. 힘들었던 마음을 이야기하면서 서로의 통로를 만들어 가는 것이다. 주변 사람과 얼마나 진솔한 이야기를 나누는지 생각해 보자. 나를 먼저 열면 상대방도 자연스럽게 마음을 열 것이다. 마음의 빗장을 먼저 열어 상대방이 들어오도록 하라.

11

싸우더라도
화해할 수 있다면 괜찮다

건강한 관계는 지속된다. 통로를 만드는 일은 몇 번의 만남으로는 이루어지지 않는다. 기본적으로 물리적인 시간이 필요하다. 사랑은 폭풍처럼 밀려와 모든 것을 덮어 버리기에 상대방의 단점과 문제가 보이지 않는다. 그러다가 폭풍이 잔잔해지면 상대방의 성격과 문제가 하나둘씩 보이게 된다. 그럼에도 관계가 이어지는 것은 함께한 시간이 마음속에 정으로 자리 잡기 때문이다. 그렇지만 'out of sight, out of mind'라는 말처럼 보지 않으면 마음이 멀어지게 되어 있다.

우리 이별을 말한 지

겨우 하루밖에 지나지 않았어

하지만 너무 이상하게도

내 맘은 편안해 자유로운 기분…

…(중략)

이별이 이제서야 실감 나네

일 년 되던 날 널 많이 닮은 사람과

사랑에 빠져 행복을 찾았고

가끔은 너의 소식에 조금은 신경 쓰여도

그냥 뒤돌아 웃음 짓게 되네

알리, 〈365일〉 중에서

그토록 내 인생의 전부 같았던 사람도 시간이 지나면 우리의 일상 속으로 사라지게 된다. 관계는 지속적으로 만나 교감해야 한다. 물론 교감의 질과 마음의 상태에 따라 물리적 시간이 달라질 수 있다. 매일 만나도 상호작용이 잘되지 않는다면 지속성은 떨어지는 것이다. 여러 사정으로 한 달에 한 번 보더라도 진심을 다해 만난다면 강한 지속성이 생길 것이다. 당신 옆에 있는 사람과 상호작용성이 있는 만남을 얼마나 지속하고 있는지 돌아보자.

관계의 건강성을 판별하는 중요한 척도는 회복성이다. 관계는 변증법적이다. 나와 다른 네가 하나로 나아가는 과정이다. 그러나 하나로 나아가지만 절대로 하나가 될 수 없다. 그러기에 나와 다른 사람과 맞추어 관계를 이루어 낸다는 것은 기적 같은 일이다.

나와 다른 상대방과 맞추고 새로운 것을 만들기 위해서는 반드시 갈등과 아픔이 생기기 마련이다. 이것이 우리의 일상이다. 중요한 것은 변증법적으로 새로운 것을 만드는 과정에서 어떻게 갈등을 해소하고 관계를 회복하는가이다. 따라서 관계의 변증법적 관계를 이해하고 적절한 운영의 묘가 필요하다. 아무리 좋은 관계를 유지한다 하더라도 언젠가는 갈등이 찾아오기 마련이다. "우리는 한번도 싸운 적이 없어요. 서로 존중하고 행복하답니다. 싸우는 부부들 이해가 되지 않아요."라고 말하는 부부가 있다. 필자는 오히려 이런 부부가 이해가 안 간다. 부부는 싸워야 한다. 그리고 싸울 수밖에 없다.

서로 다른 사람이 만나 수많은 문제를 해결해 나가야 하는 것이 부부이다. 그러자면 당연히 갈등이 시작된다. 흔히 갈등을 부정적으로 생각하기 쉽다. 그런데 갈등은 조금 다르게 생각해 보면 상대방은 나에게 필요한 존재라는 증거이다. 나와 관련이 없는 사람과 갈등할 이유가 없기 때문이다. 내가 생각하고 목표로 삼은 것과 상대방의 것이 충돌할 때 발생하는 것으로 갈등이 깊어진다는 것은 그만큼 상호 의존도가 커진다는 것을 의미한다.

그렇다면 어떻게 싸우는지가 중요하다. 갈등이 관계단절, 회피, 폭언, 상처주기, 심지어 폭력으로 이어지지 않고 대화와 설득으로 자연히 해소되어 가는 것이 중요하다.

일방적으로 한 사람이 주도하는 관계는 건강하지 못하다. 처음에는 상대방에게 맞추며 살지만 어느 순간 이런저런 이유로 관계에 금이 가면 항상 맞춰 주던 사람은 화가 나고 튕겨 나가게 되어 있다.

시소처럼 사안에 따라 설득할 수 있어야 한다. 내가 양보할 것은 양보하고 상대방이 양보할 것은 양보하는 것이 이상적이다. 갈등의 방식과 해소하는 과정, 누가 먼저 갈등 해소의 단초를 제공하는지가 관계의 건강성을 나타낸다.

12

상대방의 언어를 배워라

아내 : 끈적끈적한 것 좀 잘 닦아낸 다음에 넘겨줘 제발!

남편 : 먼저 헹구고 있잖아.

아내 : 헹구는 것만으로 안 돼.

계속 말했잖아. 먼저 기름때 닦아야 한다고.

남편 : 그냥 헹구면 돼. 내가 일 도와주고 있잖아.

아내 : 불평하기 전에 제대로 할 수 없어?

그리고 이게 왜 내 일이야? 우리 일이지.

남편 : 당신은 내가 온종일 얼마나 힘든 일을 했는지 안

중에도 없는 것 같아. 집에 와서도 꼭 이렇게 시달

려야 되겠어?

아내 : 그래 당신 일하느라 힘들었지!

그럼 집에서 애들 뒷바라지하는 것은 어떻고?

당신만 일하냐고? 나도 힘들다고!

남편 : 당신은 고마운 줄 알아야 해!

다른 남편은 일 도와주는 줄 알아?

나니까 이 정도지.

아내 : 아니, 당신보다 더 많이 도와주는 사람 많아.

생색 좀 내지마. 제대로 하지도 못하면서!

남편 : 에이, 진짜 이럴 거야?

(접시를 던지고 나가는 남편과 소리 지르는 아내.)

관계의 시작은 상대방의 언어를 배우는 것에서 출발한다. 즉 입장을 바꾸어 생각해 보는 것이다.

남편은 직장에서 열심히 일할 뿐 아니라 집안일을 도와주고 있다고 생각한다. 아내는 자신이 집안일을 하느라 얼마나 힘든지 남편이 알아주지 않는다고 생각한다. 서로 자기중심적인 생각을 하고 있는 것이다. 이런 자기중심적 생각은 관계를 단절시킨다. 결국 벽과 대화하는 지경에 이르게 된다.

이런 패턴은 하루아침에 바뀌지 않는다. 이제는 관계의 본질을 이해해야 한다. 습관은 한 번에 바뀌지 않는다. 천천히 배우고 적용하고 실천해야 한다.

Chapter 02

자기 챙김,
나와의 소통

나를 채우는 항아리

필자가 진행하는 라디오 방송에 동물원 사파리 운전 기사가 출연한 적이 있다. 개인적으로 개그맨 뺨칠 정도로 유머감각이 뛰어나다고 생각했다. 그분은 동물을 마음대로 부릴 줄 알고 유머가 풍부했다. 방송에서 물었다. 어떻게 그렇게 말을 잘하는지 말이다. 그분의 대답이 더욱 놀라웠다.

"김은성 아나운서님, 저는 운전기사만으로 생각하지 않습니다. 저는 엔터테이너입니다. 짧은 시간이지만 제 버스에 탄 손님은 제 쇼에 오신 손님입니다. 그러니 열심히 공연을 준비하는 겁니다."

그분이 단순히 자신을 운전기사로 생각했다면, 퇴근 후 주로 할 일은 휴식이다. 하지만 엔터테이너라고 생각하는 순간 그는 퇴근한 후에 할 일이 많다. 인터넷에서 동물의 특성을 검색하고 재미있는 이야기를 모으기도 하며 이야깃거리를 찾게 되는 것이다.

당신은 자신을 어떻게 규정하고 있는가? 우리는 모두 가정과 직장, 사회에서 역할을 가지고 있다. 아버지, 어머니, 대리, 차장, 총무 등이다. 그러나 그 역할만으로 만족한다면, 아니 사회적으로 규정된 역할에만 자신을 한정한다면 우리는 의무를 수행하는 존재에 지나지 않을 것이다. 하지만 나를 다른 사람을 격려하는 멘토, 코치, 관리자, 촉진자, 분위기 메이커 등으로 생각한다면 내가 하는 일에서 활력을 느끼게 된다. 나의 시야와 생각 역시 달라질 것이다. 지금 내가 처한 환경이 여의치 않더라도, 나의 생각만큼은 큰 그릇에 담아야 한다.

자기 챙김, 나와의 소통의 핵심은 자존감 회복이다. 나를 믿는 긍정의 힘이다. 자기를 부정하고 비하하면 육체와 정신이 피폐해진다. 모든 것이 나 때문에 안 된다며 스스로 암시하면 악순환에 빠지게 된다.

자존감은 항아리와 같다. 나와 소통하는 것은 작은 항아리를 채워 가는 작업이다. 작은 항아리를 채워 본 사람이 나중에 더 큰 항아리도 채울 수 있다. 즉 성취감을 느끼는 경험을 많이 해 보면서 작은 일이지만 내가 직접 해서 만족감을 얻는 것이 중요하다.

또 하나는 스스로 어떻게 규정하고 바라보는지에 따라 자존감이 달라진다. 자신을 바라보는 건강한 시각이 나를 건강하게 만든다. 내가 할 수 있는 것과 할 수 없는 것을 객관적으로 구별할 필요가 있다. 현재의 모습을 있는 그대로 인정하고 하나씩 새로운 것을 성취해 나갈 때 자존감은 커진다. 지금 당신은 자신을 어떻게 바라보고 있는가?

14

내 인생의 스프링캠프

입사 5년 차, 나름 주가(?)를 올리고 데일리 프로그램을 네 개나 했을 때였다. 특히 애착이 가는 프로그램은 경제 관련 프로그램이었다. 20분짜리 라디오 방송이었지만 라디오에서 처음 시도하는 단독 경제 프로그램이었다는 점과 작가 없이 필자가 게스트를 직접 섭외하고 전체 방송을 이끌어 가야 한다는 것이 의미 있었다.

6개월 동안 필자는 많은 것을 배울 수 있었다. 단순히 프로그램만 진행하는 것이 아니라 방송이 어떻게 진행되는지 전체 그림을 그릴 수가 있었다. 차츰 반응이 오기 시작했다.

음악이 주를 이루던 출근 시간 방송에서 다양한 경제 정보는 나름대로 청취 층을 형성하게 되었다. 그리고 가장 중요한 광고가 들어 오기 시작했다. 광고 없이 시작한 방송이 6개월이 지나니 여섯 개로 늘어났다. 그리고 개편일이 왔다.

방송국에서 6개월의 시간은 많은 의미가 있다. 6개월마다 개편을 하는데 그때 진행자가 바뀔 수 있기 때문이다. 한마디로 6개월 농사의 성적표를 받는 것이다. 기분 좋은 소식은 20분짜리 프로그램이 한 시간으로 확대 편성이 된다는 것이었다. 필자의 진가를 인정받는 느낌이었다. 그런데 느닷없이 필자는 짤렸다. 도무지 이해할 수 없었다. 신설 프로그램을 맡아 최선을 다해 열심히 했고 성과도 있었다. 필자가 교체될 이유는 없다고 생각했다. 그런데 짤린 것이다.

더 기분이 상한 것은 확실한 이유조차 듣지 못했다는 점이다. 그리고 그 자리에 모 대학의 겸임교수인 경제 전문가가 투입됐다. 나중에 들은 이야기로는 5년 차 아나운서라 경제적 전문성이 없기 때문이라는 것이 이유였다고 한다.

이를 계기로 아나운서를 오래 한다고 해서 전문성이 담보되지는 않는다는 사실을 알게 되었다. 아나운서라는 정체성에 대해 심각한 고민에 빠졌다. 현실이라는 벽 앞에서 무너져 내리는 것 같았다. 위기감을 느껴 공부를 시작했다. 갑작스럽게 시작한 것 같지만 돌아보니 필자에게 정말 귀중한 시간이었다.

필자가 단순히 정보를 전달하는 아나운서의 틀에 갇히지 않고 전문가, 공신력 있는 진행자가 되자는 마음으로 공부하니 차츰 필자의 생각과 태도가 달라졌다. 회사에 다니면서 짧은 시간 동안 석사, 박사 학위 모두 취득할 수 있게 되었다.

방향이 명확해지자 직장을 다니며 공부하는 어려움도 이겨낼 수 있었다. 자존감, 나를 믿는 힘은 나를 움직이게 한다. 닫혀 버린 것 같았던 세상과 소통하며 차츰 긍정적인 마음을 조금씩 되찾아갔다. 나와의 소통이 잘되면 위기를 극복해 나갈 힘을 얻게 된다.

15

불안의 파도 다루기

　불안은 임박한 위험 앞에서 느끼는 두려움이다. 현재 존재하지 않는 대상에 관한 걱정이라고 할 수 있다. 또한 현재 경험하고 있는 고통을 극대화해 더 안 좋은 상황으로 몰아가는 것이다. 특히 불안이 극대화되는 이유는 모호한 상황, 불확실성, 정보의 부재 때문이다. 자존감이 있으면 모호한 상황을 있는 그대로 받아들이고 기다린다. 하지만 자기 제어가 되지 않고 확신이 없으면 집착과 고민으로 가득한 불안의 악순환에 빠지게 되어 있다.

　불안을 그대로 방치하면 자존감은 점점 훼손된다. 자기를 가두고 관계를 망치는 생각과 행동을 하게 된다. 극도로 불안해지면 집착하게 되고 현실에 안주하려고 하게 된다. 확실하고 구체적이고 반복적인 것들을 선호하게 되며 편향된 판단과 행동을 하게 된다. 강박적인 행동을 하기도 한다.

그 밖에 불안과 연결되어 있는 것은 자기 소유와 집착이다. 관계에서 상대방을 자기 소유로 생각하는 순간 문제가 심각해진다. 상대방이 조금만 변해도 내 뜻대로 되지 않을 것 같아 불안감이 엄습한다.

지상파 아나운서로 입사한 여자 후배들을 보면 남자친구들이 상당히 불안해하는 것을 알 수 있다. 심지어 회식이나 모임에 가지 못하도록 구속하는 경우도 종종 본다. 상대방을 소유하려는 욕심이 불안을 자초한 것이다.

자기 자신을 돌아보자. 내가 소유하고자 하는 것이 얼마나 정당하고 합당한 것인가? 특히 사람의 관계에서 내 뜻대로 하려는 마음은 집착이며 왜곡된 소유욕이다. 이 마음을 버리지 못하면 불안해진다. 상대방을 잃어버릴 것 같아 불안하기 때문이다. 소유욕에서 나온 지나친 욕심은 버리고 관계 속에서 작은 성취감과 인지 재해석으로 건강한 나를 만들어야 한다.

불안과 분노는 결핍의 문제라고 생각한다. 그리고 욕구 충족이 안 된 상황이다. 내 입장에서 불확실한 미래가 있다는 사실은 답답하기 그지없다. 무엇인가 내 뜻대로 되지 않기 때문이다. 건강한 자존감을 가지고 있다면 지금 내가 그것을 갖고 있지 않다고 하더라도 극도로 불안하지 않다. 더 나아가 인지 재해석으로 상황을 받아들일 수 있는 여유가 생길 것이다. 그런데 자존감이 약하면 지금의 결핍이 불안과 분노, 우울로 이어지게 된다.

우리 삶은 늘 예측 가능하지도 순탄치도 않다. 중요한 것은 풍랑이 이는 이 세상을 내가 어떻게 받아들이는가이다. 생각해 보자. 지금 내가 걱정하고 불안해하는 일이 현실적으로 일어날 확률은 얼마인가? 그동안 불안하고 걱정하던 일이 정말로 발생했는가? 한 발짝만 떨어져서 보면 괜한 걱정이었음을 알게 된다. 불안은 현재 존재하지 않는 것을 쓸데없이 고민하는 바람에 불안한 것일 확률이 높다. 불안과 자존감은 반대로 움직인다. 결국 불안한 요소를 줄이고 자존감을 높이는 것이 나와의 소통에 핵심 요소인 것이다.

16

내 머릿속의
스토리텔링, 분노

분노는 내 머릿속에서 만들어진 스토리텔링이다. 상사가 단순 업무를 나에게 지시한다. 내 머릿속에서는 수많은 이야기가 그려진다. '상사가 나를 우습게 생각하나? 왜 나만 이런 일을 해야 되지? 나는 늘 되는 일이 없어. 상사의 예전 행동도 생각해 보니 나를 우습게 안거야.' 이런 생각들이 계속되다 보면 상사를 향한 분노는 더욱 커지게 되어 있다.

이런 상황이 오면 우리의 이성적 판단은 마비되고 본능적이고 충동적인 행동을 하게 된다. 결국 후회하는 일이 벌어지게 된다. 우리는 누구나 분노를 가지고 있으며 조심하지 않으면 분노라는 화약이 터져 상대와의 관계가 무너지는 일이 일어날 수 있다는 것을 명심해야 한다. 방심하면 안 된다.

불안과 우울증을 다루는 방법을 찾기 위해 여러 연구와 임상 시험이 진행되었다. 공인된 질환이기 때문에 많은 연구비가 투입되고 다양한 방법의 연구가 시도되었다. 하지만 분노를 조절하는 능력에 대한 연구는 그리 많지 않다. 대부분 분노 표현, 현상에 관한 연구가 주류를 이룬다. 분노를 조절하는 자기계발서 역시 실천하기가 녹록지 않다. 그만큼 분노를 다스리기가 쉽지 않은 것이다. 그만큼 분노는 우리가 평생 짊어져야 할 숙제이다. 필자만 그런가?

우리는 분노에 끌려다니지도 분노 때문에 좌절할 필요도 없다. 나와의 소통에 있어 나의 감정을 있는 그대로 보는 것이 중요하다. 당뇨, 알레르기 질환은 완치가 없다. 평생 관리하는 것이다. 나의 감정 역시 항상 편안하고 안정적일 수 없다. 잘 관리하는 것이 중요하다.

분노는 세 가지 요소로 구성된다. 우선 생각이다. 이것은 매우 추상적이고 특별한 것이다. 가령 '난 지금 부당하게 침해당하고 있다.'고 생각한다고 하자. 종종 상황이 순식간에 걷잡을 수 없을 정도로 급변하여 당사자는 의식하지도 못한다. 그는 단지 반응할 뿐이지만 침해받고 있다는 생각을 무의식 중에 하게 된다. 그 생각은 불신과 불안을 가지고 오며 점점 과장되기 시작한다. 수많은 이야기를 동원해 이 상황이 부당하다는 것을 합리화한다. 유리한 상황만을 생각하기 때문에 나는 정당하고 상대방은 정당하지 않다는 이분법적인 생각을 가지게 된다.

하루 종일 일에 지쳐 퇴근한 남편에게 아내는 아이들에게 책을 읽어주라며 다그친다. 너무 피곤하다고 이야기하지만 아내는 막무가내이다. 짜증이 나기 시작한다. 그리고 생각한다. '열심히 일한 나에게 너무한 것 아닌가?' 그리고 그동안 아내가 자신에게 했던 부당하고 무리한(?) 요구들이 생각이 나고 자신이 그동안 잘한 일만 생각한다. 그리고 분노가 차오른다. 남편은 자기 입장에서만 생각한 것이다. 물론 오늘만 놓고 보면 남편은 당당하다. 열심히 일했고 해야 할 일을 다 했다고 생각한다.

하지만 조금 살펴보면 남편에게 문제가 없는 것은 아니다. 그동안 회사일이 바쁘다는 핑계로 아이들과 함께 놀아주지 못했고 무심했다. 필자가 강의할 때 자주 사용하는 상호작용의 원칙 중에 '구두점을 어디에 끊는지에 따라 상황은 달라진다.'라는 것이 있다. 남편은 오늘 하루만 놓고 생각한 것이고 부인은 그 이전부터 생각한 것이다. 대부분의 사람은 자신의 입장 중 유리한 상황에서 구두점을 끊는다. 그럴 때 나는 옳고 상대방은 그르다. 나는 정당하고 상대방은 문제가 있다.

다음은 신체적 반응이다. 교감 신경계와 근육이 신체적 공격을 위해 동원된다. 근육은 긴장하고 혈압과 심박 수는 치솟는다. 소화 과정이 느려지며 뇌의 중추가 자극을 받아 뇌의 화학작용은 공격모드로 돌입한다. 이 모든 것에는 주관적인 감정이 동반된다. 분노가 끓어오르면 얼굴이 달아오르고 말이 빨라진다.

이때 어떻게 극복하는지가 매우 중요하다. 이 신체적 반응을 제대로 조절하지 못하면 부정적인 행동을 하게 된다. 자극과 반응 사이에는 공간이 있다. 바로 이 공간이 신체적 반응이다. 누군가가 나를 화나게 하는 상황이 발생하면 나는 바로 화가 났다고 인지하지 못한다. 자극을 느끼면 신체적 반응이 일어나고 그 후에 '내가 화가 나 있구나.'라고 생각한다. 신체적 반응이 일어날 때 잠시 모든 것을 멈추고 나를 돌아보아야 한다.

마지막은 행동의 단계이다. 분노의 행동 단계는 파괴적이다. 거친 말과 행동으로 상대방에게 신체적, 정신적인 상처를 주어 정체성을 훼손하게 된다. 우리는 모두 자신의 정체성을 유지하고자 하는 욕구가 있지만 분노에 사로잡힌 사람은 상대방에게 상처를 주기 위해 정체성을 훼손하는 말을 주저하지 않고 하게 된다. 예를 들면 외모 콤플렉스, 불안정한 위치, 경제적 문제, 상대방이 속한 조직의 문제 등이다. 그러고도 만족스럽지 않으면 물리적인 행동을 하는 것이다. 물건을 던지고 직접적으로 상대방을 힘으로 제압하려고 한다. 결국 관계의 파국으로 이어지게 된다.

17

분노의 ABC

우리는 매일 수많은 감정을 느낀다. 그런데 어떤 사람은 그 감정을 조절할 줄 알고, 어떤 사람은 감정의 노예가 되어 일을 그르친다. 차이점은 자신의 감정의 흐름을 객관적으로 볼 수 있는 능력이다.

회복력 연구의 권위자인 펜실베이니아 대학교 심리학과 교수인 레이비치Karen Reivich와 샤테Andrew Shatte는 A－B－C 방법을 통해 감정의 흐름을 제대로 알아야 한다고 주장한다. 우리는 어떤 상황이 발생하면 A－B－C로 생각을 한다는 것이다. A는 Adversity, 역경이다. 어떤 어려운 상황이 나에게 닥친 경우이다. 이 상황을 우리는 피할 수 없다. 단지 어떻게 바라볼지는 우리의 선택에 달려있을 뿐이다. B는 Belief, 믿음이다. 상황을 어떻게 해석하는가이다. C는 Consequence, 감정의 결과이다.

상사와 의견 충돌을 겪고 있다. 고객이 제품의 문제를 발견해 회사에 항의했다. 주요 고객이기 때문에 신중하게 접근해야 한다. 상사는 편지나 이메일로 문제를 해결하기 원하지만 당신은 급한 사항이기 때문에 전화로 해결하기를 원한다.

고객의 문제 제기는 A, 역경에 해당된다. 여기에서 문제는 상사가 한 지시와 당신의 생각이 다르다는 것이다. 당신은 나름대로 효과적인 방법을 생각해 말했는데 거절당하자 상사가 당신을 무시하는 것 같은 느낌마저 드는 것이다. 전문가답지 못한 말투도 신경 쓰였는데 이 부분에 관해서는 상

A (역경, 상황)	B (믿음)	C (결과)
	본인의 권리 침해	분노
	자기 가치 상실	슬픔, 우울
	타인 권리 침해	죄책감
	미래 위협	불안, 두려움
	타인과의 부정적 비교	당혹감

사가 말하지는 않았지만 여전히 신경이 쓰인다. 결국 당신은 상사에게 불만을 품고 만다.

당신은 상사가 권리를 침해했다고 믿었다. 당신의 판단을 믿지 못했고 당신의 전문성을 폄훼했다고 생각한다. 그러면 분노가 생긴다. 그렇잖아도 말투에 문제가 있다고 생각했던 터라 자존심이 상한다. 자기 가치에 상처를 받은 것이다. 결국 상사와 갈등이 생겼고 마음도 우울하고 분노도 가시지 않는다.

그러나 다시 한 번 잘 생각해 보자. 상황을 객관적으로 살펴보면 어느 순간 엉뚱한 감정으로 치닫게 된 것을 알 수 있다. B-C 사이의 연결 고리를 조금 더 냉정하게 분석해 볼 필요가 있다.

우리에게 닥친 역경을 피할 수 없지만 믿음을 바꾸면 당신은 변화할 수 있다. 상사가 편지나 이메일을 보내라고 한 것은 당신의 능력을 무시해서가 아니라 편지나 이메일로 대응하는 것이 효과적이기 때문이다. 물론 전화로도 해결할 수 있지만 상사 입장에서 그렇게 생각한 것이다.

이 B단계에서 조금 더 현실적이고 객관적으로 바라보면 분노의 폭풍우를 피할 수 있게 된다. 그리고 분노에 쓸 감정적 에너지를 현실 속에서 쓴다면 우리는 더욱 건설적인 삶을 만들어 나갈 수 있게 될 것이다. 우리는 하루에도 수차례 다루기 어려운 역경을 만난다. 분노의 감정으로 치달을 때 잠시 멈추고 돌아보자!

18

사고의 함정

우리가 잘못된 믿음을 갖게 되는 이유는 사고의 함정에 빠지기 때문이다. 우리는 종종 비합리적이고 자기중심적인 사고와 생각을 하고는 한다. 인지치료 전문가인 벡Aron Beck은 다음과 같은 사고의 함정을 피해야 한다고 주장한다.

첫째, 속단이다. 상황의 전후 맥락을 파악하지 않고 몇 가지 사실만 보고 판단하는 경우이다. 상대방이 내가 오자 자리를 피한다. 나는 생각한다. '불편해서 자리를 피했나?' 그리고 계속해서 좋지 않은 생각을 확장해 나간다.

그런데 사실 그 친구는 단지 화장실에 가고 싶어 일어난 것이다. 단편적인 지식과 증거로 상황을 예단해 버리는 것이 속단이다.

둘째, 터널 시야가 있다. 선택적 지각으로 내가 보고 싶은 것만 보는 것이다. 전체 그림을 보지 않고 내가 보는 것만으로 상황을 판단하는 것이다. 확대·축소의 함정도 사고의 함정이다. 아침에 출근해 상사에게 인사를 했는데 받아 주지 않는다. 그러면 당신은 많은 생각을 하게 된다. '혹시 지난번에 올린 보고서가 맘에 들지 않아서 내 인사를 받지 않은 건가?' 아니면 '나를 미워하나?' 등 만감이 교차한다.

우리는 부정을 확대하고 긍정을 축소하는 경향이 있다. 관계에 있어 무조건적인 긍정도 문제가 있지만 매사를 부정적으로만 확대해석 하는 것 역시 문제가 있다.

셋째, 자기 비하와 남을 탓하는 것이다. 어떤 문제가 생기면 그 상황을 객관적으로 파악하기보다는 자기나 다른 사람에게서 문제의 원인을 찾는 것이다.

넷째, 과잉 일반화이다. 하나의 단순한 사건을 전체로 확대하는 것이다. 어떤 사람의 첫인상을 보고 사람을 쉽게 믿거나 판단하는 것이다. 하나의 단서로 모든 것을 판단하는 것이 바로 과잉 일반화이다.

마지막으로 편견이다. 속단과 다른 점은 자신이 가지고 있는 선입관에 따라 판단해 버린다는 점이다. 물론 속단도 편견이라는 것이 들어가 있겠지만 몇 가지 증거만을 가지고 빠르게 판단하는 것이다. 편견은 '나는 ○○출신이라 승진이 안 된다.' 그리고 '누구는 어떤 사람이다.'라는 평소에 가지고 있는 고정관념으로 상대방을 판단하는 것을 말한다.

우리는 사고의 함정을 파악해 잘못된 믿음이 형성되는 것을 경계해야 한다. 따라서 역경에 부딪혔을 때 찬찬히 상황을 포괄적으로 볼 필요가 있다. 다음을 생각해 보자.

"좀 더 현실적으로 생각해 보자."

"이 일이 정말로 나의 생존을 위협하는 것인가?"

"혹시 몇 가지 내용만을 가지고 예단하는 것은 아닌가?"

"확실한 증거와 타당한 근거가 있는가?"

"이 일이 정말 발생할 확률은 얼마나 되지?"

19

당신은 어떤 귀를
가지고 있습니까?

포유류 중 가장 공격적인 동물은 자칼이라고 한다. 하이에나보다 더 포악해서 기분이 좋지 않으면 자신의 새끼들도 공격하고 자신의 몸을 자해하기도 한다. 사냥할 때는 무리와 협력하지만 평온한 시기에는 우두머리를 공격한다.

반면 기린은 순하다. 그렇다고 모든 일에 순하기만 한 것은 아니다. 자기에게 부당한 일이 있을 때는 자기의 영역은 확실히 지킨다. 또한 무리를 지어 다니며 협력한다. 우리가 자칼로 생활하는지 기린으로 생활하는지 생각해 봐야 한다.

자칼로 생활하는 사람은 자기를 비하하거나 상대방을 비

난한다. 자칼의 기운을 내 안으로 쏟으면 자기를 비하하게 된다. 예를 들어 "보고서 이것밖에 못 쓰나?" 하고 상사가 말했을 때 자칼의 귀로 들으면 자기 비하가 시작된다. '그래 난 죽어야 돼. 나는 하는 일이 이것밖에 안돼.'라고 생각한다.

또한 자칼의 귀로 듣고 상대방을 보면, 상대방에게 책임을 전가한다. 상대방을 무조건 욕하고 비난하게 된다. 그런데 기린의 귀로 들으면 상황을 달리 파악한다. 기린의 귀로 듣고 나를 보면 내가 이 보고서를 쓸 때 얼마나 충실하게 온 힘을 다했는지 반성하게 된다. 그리고 이 보고서가 얼마나 중요한지 생각하면서 상대방의 입장을 고려하게 된다. 자기비하를 하거나 무조건 남의 탓으로 돌리면 오히려 분노와 불안을 느끼게 된다.

우리는 오늘 자칼로 자신과 상대방을 대하지 않았는가? 자기를 비하하고 한탄하는 모습, 상대방과 세상 탓만 하는 모습 말이다. 이런 모습에 길들여지면 분노와 불안을 느끼고 더욱 자칼처럼 변할지 모른다. 나를 인정하고 상대방을 인정하는 기린이 처음부터 되기는 어렵지만 지금 이 순간부터 노력해 보자.

20
긍정의 힘

　긍정적 정서 연구의 대가인 아이센A. M. Isen은 초등학생을 대상으로 실험을 했다. 같은 지능을 가진 학생들을 두 그룹으로 나눈 뒤 과제를 부여했다. 다만 상황을 다르게 만들었다.

　A그룹은 최대한 기분 좋은 상황을 만들었다. 아이들이 좋아하는 재미있는 프로그램을 보여 주고 먹을 것도 주었다. 결정적으로 스트레스를 주지 않았다. 과제는 몇 가지 도구를 가지고 양초를 벽에 붙이는 문제였다. 이 문제를 풀기 위해서는 인지능력이 필요했다.

B그룹은 의도적으로 불편한 상황을 만들었다. 아이들에게 다큐멘터리를 보여 주고 과제를 내 주며 이것은 부모님이 결과를 보는 실험으로 무조건 잘해야 한다고 압박했다.

결과는 놀라웠다. 기분 좋은 상태를 유지한 A그룹에서는 80% 이상이 문제를 해결한 반면 B그룹은 15%만 문제를 해결했다. 아이센은 이 실험 결과를 가지고 '긍정적인 정서가 아이들의 인지능력을 향상하는 데 도움을 준다.'라는 논문을 발표했다.

그런데 다른 학자들이 비판을 하기 시작했다. 초등학생들, 즉 정서 발달 과정에 있는 아이들에게만 해당하는 결과라는 것이었다. 2004년에 아이센은 후속 실험을 했다. 이번에는 미국의 저명한 헨리포드 대학 병원의 의사들을 대상으로 실험했다. 가장 진단하기 어렵다고 하는 간 질환 문진표를 의사들에게 나누어 주고 문제를 어떻게 해결하는지 관찰했다. 역시 그룹을 나누었다. A그룹은 사탕 한 봉지를 주며 겸양한 자세로 부탁을 했고, B그룹은 아무런 보상 없이 사무적으로 부탁만 했다.

결과는 놀라웠다. 같은 실력이었지만 A그룹 의사는 75%가 문제를 해결했다. 반면 B그룹은 20%만 답을 했을 뿐이다. 이것이 그 유명한 '캔디 스터디'이다. 사탕 한 봉지 차이였지만 이것이 사람의 행동을 어떻게 변화시키는지 밝힌 실험이다.

우리가 긍정적인 마음으로 일을 할 때 인지능력과 여유, 심지어 대인 관계 능력까지 좋아질 수 있다. 심신이 안정되어 집중도가 높아져 인지능력도 좋아지는 것이다. 여유롭기 때문에 안정적인 관계를 맺을 수 있다.

우리가 사물에 의미를 부여하여 긍정적으로 세상을 볼 때, 긍정성이 강화되어 자연스럽게 자존감이 생기며 그것은 다시 긍정적 정서로 선순환된다.

자존감은 다르게 생각해 보면 내가 가진 것에 대해 인정하고 감사하는 것이다. 감사하는 마음을 가지면 불안하지 않게 되어 심장 박동수가 유지된다. 심장과 뇌는 상호 정보 교환을 하기 때문이다. 나를 있는 그대로 인정하고 받아들이자.

학창시절 졸업 앨범 사진을 보면 웃음이 나온다. 한껏 멋을 부린 친구부터 어색한 표정, 지금과는 너무나 다른 모습이다. 그중에서 눈에 띄는 친구들이 있다. 바로 활짝 웃으며 사진을 찍은 친구이다. 밝게 웃는 사람은 보는 사람도 흐뭇

하게 한다. 억지웃음이 아닌 진짜 웃음 말이다.

이 웃음을 '뒤센의 미소'라고 한다. 18세기 프랑스 심리학자인 뒤센Guillaume Duchenne은 웃음에 대한 연구를 통해 진짜웃음과 가짜 웃음을 판별했다. 그리고 이 진짜 웃음을 웃을 줄 아는 사람이 정신적으로 건강하다는 사실을 밝힌다. 하커L. Harker와 켈트너D. Keltner는 1958년 캘리포니아 밀즈 대학교를 졸업한 141명을 추적 조사한다. 30년 동안 계속된 연구에서 이들이 보고자 한 것은 졸업 앨범에서 뒤센 미소를 지은 사람이 어떤 과정을 거치는가이다. 대학 졸업 후 27세, 43세, 52세 때 조사해 본 결과 뒤센 미소를 지은 사람이 생존률, 결혼생활 만족도, 관계성 지수, 경제적 자립도에서 다른 그룹과 월등한 차이를 보였다.

웃는 것은 나와 소통이 잘되고 있다는 증거이다. 나를 긍정하면 생각과 행동에서 여유가 생긴다. 그런 사람은 긍정적인 언어로 이야기하고 자연스럽게 웃을 수 있다. 가식적인 미소가 아닌 자연스러운 미소, 뒤센 미소를 짓는 것은 더욱 그렇다. 환하게 미소 지으며 웃는 사람에게 끌리지 않겠는가? 당신은 얼마나 자주 뒤센 미소를 짓는가?

21

내가 성장할 수 있는 동력:
자아 존중감과
자기 효능감

　정말 일 잘하는 사채업자가 있다. 특히 그 사람은 돈을 돌려받을 때의 능력이 탁월하다. 인정사정 볼 것 없이 수단과 방법을 가리지 않고 돈을 받아 낸다. 그는 능력이 있지만 자신이 하고 있는 일에 가치를 두지는 않는다.

　춤을 좋아하는 한 여자가 있다. 벌써 1년째 춤을 배우고 있지만 실력이 그리 늘지 않는다. 자신이 몸치라는 것을 알고 있지만 춤을 추는 시간이 가장 행복하다. 그녀는 춤을 잘 추는 능력이 없다. 하지만 춤을 추는 것에 큰 가치를 둔다.

　사채업자는 자기 효능감은 높지만 자아 존중감은 낮다.

춤을 좋아하는 여자는 자아 존중감은 높지만 자기 효능감은 낮다. 우리는 자아 존중감과 자기 효능감을 통칭해 자존감이라 부르지만 엄밀하게 구분할 수 있다. 자아 존중감은 자신을 가치 있는 사람으로 여겨 자신의 일 역시 의미 있다고 보는 것이다. 반면 자기 효능감은 자신의 능력을 믿고 일에 전념하는 것을 말한다. 중요한 것은 두 개념 모두 자신의 일과 상황을 인정하고 긍정한다는 점이다.

자아 존중감이 높으면 쉽게 감정의 면역력이 떨어지지 않는다. 상대방의 비난과 비판에도 거뜬히 일어날 수 있는 힘이 있다. 세상 누가 뭐라 해도 자신을 믿고 존중한다. 나와의 소통이 잘된 상태가 자아 존중감이 높은 상태이다.

자기 효능감이 높으면 모든 일에 자신감 있게 임한다. 상황을 잘 파악하고 흔들리지 않는다. 더 나아가 어려운 일을 택해 자신의 능력을 검증받기도 한다. 우리가 자기 긍정을 할 때 자아 존중감과 자기 효능감이 생긴다.

자아 존중감, 자기 효능감은 어린이들에게 중요하다고 하지만 실상 우리의 삶을 돌아보면 어른들에게도 중요하다. 자신을 돌아볼 여유가 없고 관계에 능숙하지 못하며 좌절과 불안을 느끼는 어른들은 모두 자기만의 트라우마를 안고 살기 때문이다. 트라우마를 갖고 있으면 충격을 받았던 일과 비슷한 일이 생겼을 때 불안해하며 새로운 시도를 하지 못한다.

자기 효능감 개념을 처음으로 밝힌 반두라Albert Bandura는 자기 효능감을 높이기 위한 네 가지 방법을 밝혔다. 우선 성취 경험이다. 작은 일이지만 이루어 내는 과정에서 성취감을 느끼며 자존감이 성장한다는 것이다. 여기서 중요한 것은 반복적으로 성취 경험을 갖는 것이다.

둘째, 대리 경험이다. 다른 사람이 성공해 가는 과정을 보며 나도 할 수 있다는 자신감을 얻는 것이다. 특히 자신과 비슷한 사람의 성공 경험은 나에게 좋은 자극이 된다.

셋째, 언어 설득이다. 즉 인지 재해석으로 내가 처한 상황을 긍정적으로 파악해 나를 설득하는 과정이다. 내가 이 상황을 인정하고 받아들여 극복해 낼 수 있다는 자기 확신을 생각과 말로 해야 한다는 것이다. 또한 다른 사람의 격려도 언어 설득에 도움이 된다. 특히 신뢰할 수 있는 사람에게서 자신감을 주는 조언을 듣는 것도 효과적이다.

마지막은 정서적 각성으로 긴장 완화이다. 몸을 이완하면서 자존감을 높일 수 있다는 것이다. 스트레스를 줄이고 부정적인 감정을 줄이는 연습이다. 이처럼 자존감은 이성과

감성의 다양한 방법을 통해 그리고 나의 의지를 통해 좋아질 수 있다.

영화 〈킹스 스피치〉를 보면 말을 잘 못하는 왕, 조지 6세가 나오는데 그가 연설을 훈련하는 과정이 바로 자존감을 높이는 과정이다. 처음부터 발성, 발음 연습을 하는 것이 아니라 나도 할 수 있다는 성취 경험을 얻는 것이다. 그것은 그동안 자기를 억누르던 트라우마와의 싸움이다. 자신이 왜 말하는 것을 두려워했는지 객관적으로 바라보는 과정이다. 그 작업을 바탕으로 작은 성취를 해 나가고 언어 치료사의 조언 등으로 그는 말하기의 두려움을 극복하는 방법을 알게 된다.

연설을 훈련함에 있어서 처음부터 어려운 내용을 연습하기보다는 짧고 쉬운 원고부터 연습을 하기 시작해 성취 경험을 얻는 것이 중요하다. 또한 다른 사람이 성공한 사례를 보고 대리 경험을 하며 나도 할 수 있다는 자신감을 얻어야 한다. 언어 설득은 성취 경험과 연설에 관한 다양한 지식을 바탕으로 나에게 부여하는 자신감이다. 마지막으로 정서적인 안정감을 취해 몸과 마음을 이완하는 것이 필요하다.

자아 존중감, 자기 효능감을 높이는 방법이 비단 연설에만 적용되는 것은 아니다. 우리의 일상생활에서도 얼마든지 적용할 수 있다. 자존감을 높이는 것은 나를 믿는 힘을 키우는 것이며 자기와의 소통이다.

Chapter 03

상대 챙김,
상대방과의 소통

22

다른 사람의 눈으로
세상 보기

아버지는 오늘도 불평을 하신다. 평생을 불평불만을 터뜨리며 살아오신 분 같다. 내가 무슨 일을 하든지 아버님은 늘 내 편이 아닌 것 같았다. 늘 잔소리를 하셨고 무뚝뚝하셨다. 오늘은 20년간 살았던 집을 떠나 기숙사로 들어가는 날이다.

집에서 학교까지 가는 길은 꽤 멀다. 차로 달려 꼬박 두 시간이 넘는 거리이다. 다 큰 딸을 태워 주신다고 하셨을 때 나는 망설였지만 짐이 있어 어쩔 수가 없었다. 한 시간이 흘렀을 때 나는 적막하고 어색한 분위기를 깨야겠다는 생각이 들었다.

마침 창밖으로 너무나 아름다운 강이 흐르고 있어 그것을 소재로 말을 걸어 보았다.

"시골이라 그런지 풍경이 참 아름답네요."

그리고 돌아온 아버지의 퉁명스러운 말.

"아름답다니? 엉망이구먼."

그리고 학교에 도착할 때까지 우리는 한마디도 하지 않았다. 이처럼 나와 아버지는 어색하고 답답한 사이였다.

그렇게 시간이 흘러 갑작스레 아버지가 돌아가셨다. 장례를 마치고 학교로 돌아오는 길에 나는 창밖을 보고 막막해졌다. 그때 아버지가 운전하셨던, 그리고 지금 내가 운전하는 그 자리에서 창밖을 보니 오염된 냇물과 자재들이 쌓여 있었다. 나는 아버지 쪽은 보지 않고 조수석 쪽의 창으로만 본 것이다.

딸이 자기 쪽의 창문으로만 바깥을 보고 아버지를 오해한 것처럼 우리도 우리만의 창으로 세상을 보기 때문에 상대방을 오해하고 있을 수 있다. 상대방의 눈으로 세상을 바라보기. 바로 거기에 상대 챙김이 있다. 상대방을 완벽하게 이해하거나 동의할 수는 없다. 단지 서로의 차이를 인정하고 다른 눈으로 세상을 바라보기 위해 노력하는 것이 최선이 아닐까 생각한다. 상대방의 입장에서 다시 생각해 보는 것이다.

불편한 사람이 있다. 가족이든, 회사 상사이든, 친구이든. 원래는 관계가 좋았는데 최근에 의견 충돌이 생기면서 회복이 되지 않는다. 어떻게 해야 할까? 소통과 관계는 어떤 면에서 보면 나를 위한 것이 아닌가? 이 불편함은 나에게 적잖은 타격을 준다. 일할 때 집중이 안 되고 부정적인 생각이 든다. 지금 내가 겪는 스트레스만을 놓고 보면 우선은 나를 위한 작업이다. 서로 소통하였을 때 밀려오는 행복감은 이루 말할 수 없을 정도로 강렬하다. 그것은 내가 시작하는 것이다. 생각만큼 나는 상대방을 알지 못한다. 뜻밖에 상대방은 불편해하지 않을 수도 있다. 나는 안절부절못하며 어쩔 줄 모르지만 상대방은 그렇지 않을 수 있다. 내가 시작해 보자.

23

공감하면 분노도
가라앉힐 수 있다

와세다 대학생들은 흥분한 상태이다. 미국의 법무장관이 와서 연설을 한다는 소식에 교정이 들썩인다. 그가 어떤 말을 할 것인가? 자존심에 상처를 입은 일본 사람들은 미국인에게 묘한 감정을 가진다. 미국에 패망하고 지배를 당한 후 시간이 제법 흘렀지만 일본 극우주의자들은 미국인들을 극도로 싫어한다.

미국 법무장관의 연설에 맞춰 시위가 벌어진다. 연설이 열리는 강당에는 경비대가 삼엄하게 경계하고 있다. 드디어 시위대는 경비대를 뚫고 강당에 진입한다. 아뿔싸. 연설은 끝났다. 그나마 다행인 것은 멀리서 법무장관이 보인다는 사실이다. 시위대는 점점 큰 소리로 "양키 고 홈!"을 외친다. 그런데 어떻게 된 일인가. 그가 자리를 피하지 않고 다시 연단 위로 올라가는 것이다. 마이크를 잡는다. 그리고는 와세다 대학교의 교가를 부르는 것이 아닌가?

이 일화는 존 F. 케네디의 동생이자 미국의 법무장관이었던 로버트 케네디의 이야기이다. 그는 자신의 창으로 보지 않고 상대방의 창으로 관계를 시작하였다. 사실 보통 사람 같으면 자리를 피하거나 마이크를 잡고 자신의 입장을 말했을 것이다. 하지만 시위대에게 말은 변명일 뿐 통하지 않는다.

그는 와세다 대학생의 눈으로 봤고 교가를 불러 관계의 통로를 만들었다. 그는 마틴 루서 킹 목사가 암살된 후 성난 군중들 앞에서도 같은 방법으로 사람들을 진정시켰다. 그가 쓴 방법은 암살당한 자신의 형인 존 F. 케네디를 언급하며 군중의 분노를 이해하고 있음을 알려준 것이다.

나의 언어가 아닌 그들의 언어로 말하기. 우리는 나의 생각과 가치관으로 이야기하며 상대방의 공감을 얻으려 하고는 한다. 만일 공감받고자 한다면 우선 그들의 언어를 이해해야 하지 않을까?

상대방의 상황과 입장을 생각하고 이해하라. 그 바탕에서 상대방의 언어를 사용할 수 있다. 당신이 동료나 자녀, 또는 어른 세대와 대화가 통하지 않는다면 당신이 얼마나 그들에게 관심이 있고 그들의 언어를 이해하고 있는지 돌아보자!

거울뉴런을 활용하라

붉은 털 원숭이 일곱 마리가 마주 볼 수 있는 유리방에 있었다. 각 방에는 끈이 있었다. 원숭이가 끈을 잡아당기자 천장에서 음식물이 떨어졌다. 배고픈 원숭이는 허겁지겁 음식을 먹었다. 그리고 계속해서 끈을 잡아당겼다.

그런데 이상하다. 1번부터 6번까지 원숭이는 끈을 당기면 음식물이 떨어지는데 7번 원숭이는 전기 충격을 받는 것이 아닌가? 원숭이는 당황하기 시작했다. 나는 배가 부른데 다른 원숭이는 고통을 받고 있으니 말이다. 서서히 원숭이는 끈을 잡기조차 두려워하였고 어떤 원숭이는 무려 12일 동안 끈을 잡지도 않았다. 다른 원숭이의 아픔을 공감하며 배고픔을 견딘 것이다.

2011년 12월 과학 전문지 〈사이언스〉는 쥐에게도 공감능력이 있다는 것을 밝혔다. 쥐 두 마리를 2주간 같이 생활하게 하였다. 그 후 한 쥐는 잠금장치가 설치된 상자 안에 넣고, 다른 쥐는 자유롭게 풀어 두었다. 그러자 그 쥐는 갇혀 있는 쥐를 구하려고 온갖 애를 쓰는 것이다.

바로 그때 하늘에서 초콜릿이 떨어지는 것이 아닌가? 쥐는 당황했다. 초콜릿을 택할 것인가? 동료를 구할 것인가? 2주간의 인연 때문인지 쥐의 52%가 주저하지 않고 동료를 구했다. 서로 역할을 바꿔 봤다. 그러자 쥐의 80%가 동료를 구했다. 또한 암컷은 100% 동료를 구했다.

우리에게는 거울뉴런이 있어 공감하도록 설계되어 태어났다. 그런데 우리는 왜 나이가 들수록 공감하는 능력이 퇴화되는 걸까?

아이들은 작은 일에도 반응한다. 하지만 우리는 나이가 들수록 상대방의 반응에 둔감해진다. 앞서 이야기한 것처럼 자본주의의 치열한 경쟁 체제 속에서 우리는 자기중심적인 생각과 선택을 하면서 나만을 위해 살게 된다. 그러니 거울뉴런이 약화될 수밖에 없지 않은가?

도저히 이해가 되지 않는 사람이 있다면 이야기를 들을 때 입을 닫고 상대방의 표정을 따라 해 보자. 다른 신경은 중추신경이 통제를 하지만 표정은 거울뉴런과 직접적으로 연결되어 있어 상대방을 이해하는 데 도움이 된다. 또한 표정을 따라 하면 거울뉴런을 자극해 퇴화를 막을 수 있다.

공감은 상대방과의 심리적 동등감을 가지고 눈높이를 맞추는 것이다. 어린아이와 대화할 때 어린아이의 눈높이에서 대화해야 하는 것처럼 상대방과 동등한 입장에서 관계를 맺는 것이 중요하다. 이 기초 작업이 부실하면 갈등이 생기는 것은 자명하다. 공감은 상대방의 마음을 헤아리는 것이다. 우선 상대방의 말과 행동에 긍정적으로 반응하는 것부터 실천해 보자.

25

남자 셋, 일 내다

2012년에 진행한 프로젝트는 '세 남자의 수다'였다. 각 분야에서 열심히 살고 있는 남자 셋이 만나 사회문제에 관해 이야기를 나누는 프로젝트였다. 2013년 《진심은 어떻게 전해지는가》라는 책이 결과로 나왔다. 세 남자는 카이스트의 김대식 교수, 트리움의 김도훈 대표, 그리고 필자였다.

김대식 교수는 뇌신경과학자로 독일에서 공부하고 미국 대학에서 뇌에 관한 강의를 한 뇌 분야 전문가이다. 그분을 만나게 된 인연은 필자가 진행하는 KBS 1라디오 〈세상의 모든 지식〉에 출연한 것이다. 뇌에 관한 특집으로 정재승 교수와 김대식 교수를 초청했는데 독특한 의상과 괴짜 같은 언행이 마음에 들었다. 필자가 오래 강의를 했던 삼성경제연구소 〈SERI CEO〉에 김대식 교수를 추천하면서 다시 한 번 인연을 맺게 됐다.

그 감사의 자리로 술을 마시게 되었다. 근처에 김도훈 대표의 회사가 있어서 우연히 김대식 교수가 김도훈 대표를 그 자리에 불렀고 여기에서 남자 셋이서 화학작용을 한 것이다. 김도훈 대표는 조직 네트워킹을 공부한 분으로 주로 소셜 미디어 상에서 사람들이 어떤 의미를 찾고 소통하는지를 밝히는 일을 한다.

정말 우연한 자리였지만 매우 관심을 갖고 서로 관찰했다. 워낙 다른 분야의 일을 하다 보니 서로의 일에 관심을 표했고 적극적으로 듣고 반응했다. 그런 관찰과 반응 등으로 서로 통로를 만들었고 더욱 친밀해졌다.

워낙 필자가 일을 벌이고 기획하는 것을 좋아해 자리를 파하기 직전 우리가 만나 대화를 나눈 것을 책으로 내면 어떨지 제안했고 두 사람 모두 거리낌 없이 좋아했다. 그리고 우리 세 사람은 4개월 동안 새로운 경험을 하게 되었다.

필자는 이 만남이 공감공명이 있었기 때문에 가능했다고

생각한다. 공감공명은 말 그대로 공감이 확장되어 만남을 더 풍성하게 만드는 것을 말한다. 우리가 처음 만났을 때 서로에게 호감이 없었다면 불가능했을 것이다. 아무리 서로 누군가의 추천으로 만나게 되었어도 처음 만난 사람끼리 책을 같이 쓰거나 지속적으로 만나기는 어렵다. 첫 만남에서 중요한 것은 서로에게 관심을 가지는 것과 경청하며 적극적으로 반응하는 것이다. 내 생각을 잘 들어 주고 반응해 주는 상대방에게 나는 진심으로 호감을 느끼고 그런 과정에서 관계의 통로가 만들어지는 것이다.

상대방을 알고 싶은 호기심, 그리고 새로운 경험을 하는 것을 향한 동경이 어우러지면서 공감공명이 이루어진 것이다. 호감을 느끼고 상대방을 인정하며 서로에게 집중하도록 만들었다. 누군가가 이야기하면 집중해서 들었고 적극적으로 반응을 했다. 의견이 충돌할 때 가장 많이 한 말은 "그런 면도 있을 수 있겠네요. 하지만 저는 이렇게 생각합니다. 어떠세요?"라는 표현이다. 이런 공감공명으로 탄탄한 관계가 이어졌다. 그 과정을 셋이서 체험했다.

공명은 울림이다. 좋은 목소리의 키포인트는 공명이 있는가이다. 음색이 아무리 좋다고 해도 울림이 없으면 좋은 소리라고 할 수 없다. 울림이 있는 소리는 상대방에게 안정감과 신뢰감을 준다. 사실 자신의 목소리를 들으면 상대적으로 좋게 들린다. 왜냐하면 말하면서 한 번 울리고 몸 안에서 한 번 더 울리기 때문이다. 두 번 울리기에 목소리를 들을 만하다고 생각한다. 그런데 막상 녹음을 해보면 실망이다. 왜냐하면 한 번만 울렸기 때문이다.

상대방의 마음을 헤아리는 공감도 울림이 있어야 한다. 나의 일방적 배려, 이해가 아니라 그것이 울림으로 전달돼 관계의 윤활유가 되어야 하지 않을까? 사실 내가 좋은 의도를 가지고 관계를 맺고자 해도 진심을 전할 수 없다면 일방적인 외침에 지나지 않는다. 중요한 것은 나의 진심이 울림으로 전달되는가이다. 잔잔한 호수에 작은 돌멩이를 던지면 그 파장이 서서히 전체로 퍼져가듯이 나의 공감이 울리게 해야 한다.

공감공명의 조건

《왜 생각처럼 대화가 되지 않을까?》의 저자 뉴버그 Andrew Newberg는 상대방의 이야기를 집중하여 들을수록 뇌는 상대방의 뇌 활동에 더 관심을 가지고 공명하게 된다고 말한다. 즉 상대방의 이야기를 집중하여 들을 때 잘 이해하고 공감하게 된다는 것이다.

경청하는 것은 몸과 마음으로 듣는 것이다. 경청하면 자연스럽게 몸의 반응이 일어난다. 고갯짓을 하고 메모를 하며 눈을 맞춘다. 그리고 만여 개의 근육에 따른 다양한 표정이 수반된다. 그것은 상대방에게 의식·무의식적으로 전해져 공명을 만든다.

마음으로 듣는 것은 차이를 인정하는 것이다. 사실 우리는 모든 사안에서 상대방과 일치할 수 없다. 오히려 모든 것이 같다고 말하는 것 자체가 문제이다. 서로의 차이와 다름을 덮어 버렸기 때문이다. 바로 그 지점에서 상대방의 생각을 알아 가고자 나는 관심을 기울이고 집중을 해야 한다.

다른 사람에게 호기심을 가지는 것은 관계의 원동력이다. 그리고 마음으로 들으면 자연스럽게 몸으로 듣게 된다. 몸과 마음이 연결된 경청의 모습은 상대방에게 고스란히 전해져 상대의 마음의 문이 열리게 된다. 그것이 바로 공감공명 empathy resonance이다.

상대방의 이야기를 들으려 하는 의지만으로 상대방과 통하는 작은 길이 생긴다. 관계를 포기하지 말자. 상대방을 있는 그대로 인정하고 조금씩 알아 가려는 의지. 그것이 바로 관계의 시작이다.

차이와 다름을 인정하기 위해서는 인식의 변화가 필요하다. 낚시를 좋아하는 남편과 쇼핑을 좋아하는 부인은 서로 이해하기가 어렵다. 나의 상식과 생각으로는 납득이 되지 않기 때문이다. 그러나 관계는 완벽한 이해를 추구하는 것이 아니라 다름을 인정하고 맞추어 가는 과정이다. 상대방을 있는 그대로 인정하는 것이 우선이다.

때로는 측은하게
바라보라

필자는 아나운서로 방송국에 입사했을 때 안면 신경 마비에 걸린 적이 있다. 완쾌되었지만 지금도 그때의 트라우마로 사진을 찍거나 대화를 할 때 활짝 웃지 못하는 편이다. 물론 성격 탓도 있겠지만, 처음 본 사람들은 차갑고 냉정한 사람이라는 생각을 한다. 경직된 표정이 사람들에게 첫인상으로 작용한 것 같다.

그러나 시간이 지나 필자를 진짜로 알게 되면 편안한 느낌을 받는다고 한다. 당신의 표정은 어떠한가? 상대방에게 관심과 호기심을 보이며 적절한 표정과 반응을 보여 주고 있는가? 아니면 습관적으로 자기중심적인 딱딱한 모습을 보여 주고 있는가?

좋은 관계를 맺기 원한다면 때때로 상대방을 애처로운 마음으로 바라보는 것이 필요하다.

측은지심. 관계에서 중요한 의미를 갖고 있다. 상대방을 연민의 마음으로 바라보는 것이다. 오랜 시간 함께 살아온 부부가 애정이 식고 갈등이 심해지더라도 배우자가 불쌍하다는 생각을 하게 되면 희망이 있다고 생각한다. 배우자를 측은하게 여기면 마음이 너그러워지기 때문이다. 그런데 우리는 경쟁 시스템 사회에서 살고 있다. 내가 상대방을 이겨야만 성공할 수 있는 사회이다. 학교에서부터 등수와 입시가 중요하기 때문에 상대방을 측은히 여기기보다는 내가 상대방을 이겨야 한다는 강박관념에 사로잡히기 마련이다. 경쟁이 사회의 발전을 가져왔을지 모르지만 개인의 행복과 만족을 저해하는 측면이 있다고 본다. 긴 호흡으로 보면서 경쟁의 DNA를 내려놓고 측은지심의 마음을 갖는 것이 필요하다.

관찰의 힘

지각이다. 숨 가쁘게 달려가 닫히는 엘리베이터 안으로 아슬아슬 들어왔다. 그런데 아뿔싸, 평상시 서먹서먹한 김 과장이 있었다.

엘리베이터 안. 말은 해야 하는데 할 말은 없다. 당신이 힘들게 꺼낸 회심의 한마디.

"주말 잘 보내셨어요?"

그리고 돌아오는 답변.

"넵!"

이어지는 침묵. 더 어색해졌다. 상대방을 제대로 관찰하지 않았기 때문에 발생하는 문제이다. 필자는 조직 안에서 소통이 잘 이루어지는지 보려면 회의실과 엘리베이터 안을 봐야 한다고 생각한다.

특히 리더가 엘리베이터에서 팔로워에게 어떤 말을 던지는지가 중요하다. 리더가 던지는 한마디.

"요즘 별일 없지?"

그리고 팔로워의 답변.

"넵!"

상대방을 관찰하지 않으면 공감공명이 이루어질 수 없다. 소통은 내가 시작하는 것이다. 상대방에게 관심이 있으면 관찰하게 된다. 그러면 질문거리가 더욱 풍부해진다. 서먹한 사람과 대화를 할 때 질문을 던져도 단답형으로 끝날 확률이 높다. 따라서 그다음의 질문을 미리 준비하는 것이 필요하다. 대화를 시작하기 위해서는 바둑처럼 두세 수를 먼저 생각하는 지혜가 필요하다.

29

착각의 늪에
빠져 있는가?

30년 동안 함께 살아온 부부가 있다. 이들은 서로 잘 알고 있을 것이라 생각한다. 실험은 다음과 같다. 남편이 이야기를 하면 그 뜻을 부인이 적는 것이었다. 그리고 그 자리에 일반 사람 즉, 남편을 처음 보는 사람들도 참여하도록 하여 뜻을 적게 했다. 남편이 한 대표적인 말은 다음과 같다.

- **당신이 알아서 해** : 책임을 주는 좋은 의미일 수 있지만 무책임한 태도일 수 있다.
- **잘 했어요** : 칭찬일 수도 있지만 비아냥거림일 수도 있다.

- **나 오늘 피곤해** : 건드리지 말라는 뜻도 있지만 자신의 상태를 보여 주는 것일 수 있다.

이런 중의적인 표현에 대해 놀랍게도 부인이나 일반인이 나 의미를 파악하는 정도가 통계적으로 비슷했다. 오래 알고 지내 친밀하다고 해서 상대방에 관해 많이 알고 있다고 생각 하는 것은 편견인 것이다. 이것이 바로 친밀함에 관한 소통 의 편견이다. 어떻게 보면 내가 상대방을 잘 알고 있다고 착 각하기 때문에 오해와 갈등이 생기는 것이다.

30

마음의 지뢰밭을
밟지 말라

누구나 들었을 때 참을 수 없이 화가 나는 말이 하나쯤은 있을 것이다. 지금은 어느 정도 괜찮아졌지만, 결혼 초기에 이 말을 들으면 도무지 통제가 되지 않았다. 그것은 "당신네 집안은 왜 그래?" 그리고 "교회 다니는 사람이 왜 그래?"이다.

이 말을 들으면 이성적인 기제가 멈추고 얼굴이 화끈거리는 것이 느껴진다. 왜 그럴까? 이것은 필자의 정체성을 훼손하는 말이기 때문이다. 여기서 중요한 것은 이 말이 맞는지 틀리는 지는 문제가 아니다. 이 말 자체가 주는 파괴력이 문제이다.

　관찰이 주는 효능감 중 하나는 바로 여기에 있다. 나의 정체성, 상대방의 정체성을 파악할 수 있기 때문이다. 연애할 때처럼 사랑의 호르몬이 작용해 자연스럽게 공감공명이 되면 좋겠지만 일상에서 이렇게 되기는 어렵다. 그렇다면 적어도 상대방이 어떤 정체성을 갖고 있는지, 어떤 말을 듣기 싫어하는지 정도는 알아두어야 한다. 그렇지 않으면 무심결에 던진 말에 상대방은 상처를 받고 마음의 문을 닫아버리기 때문이다.

　이사 문제로 아내와 갈등이 있는 경우가 많았다. 워낙 부동산 경기가 좋지 않아 집을 오래전에 내놨지만 팔리지 않았다. 그러다가 부동산에서 집을 보러 온다 하면 아내는 정신없이 준비에 들어갔다. 엄청난 속도로 청소를 하는데, 군시절 사단장 방문이 아니라 참모총장 방문이 따로 없었다.

　계약은 안 되는데도 집을 보러 오는 사람이 종종 있어서 그 날만 되면 예민해졌다. 물론 가장 스트레스를 받는 것은 아내였지만 필자 또한 스트레스를 받았다. 하루는 서재에 아이들의 책이 잔뜩 꽂혀 있었다. 필자는 기어이 폭발하고 말았다. 그리고 아내에게 속사포처럼 말을 이어갔다. "왜 내 방을 건드리는데? 그만 좀 해. 부동산에서 오는 사람들 이제는 받지마. 다른 평수 보러 왔다가 그냥 들른 걸 수도 있잖아. 당신 좀 대충해. 평소에 치워야지. 일이 있을 때 하려니까 무리하는 거 아니야?"

그다음은 말하고 싶지 않다. 필자는 아내의 정체성을 훼손했다. 평소에 잘 치우지 않는다고 단정했고 아내의 가장 큰 목표 중 하나인 이사 문제를 가볍게 취급했다. 서재를 침범 당하지 않는 것은 필자에게 중요했지만 아내 입장에서는 이기적이라 느낄 수 있는 부분이다. 자신의 공간만 유지하겠다는 것으로 비칠 수 있기 때문이다.

우리는 누구나 마음속에 하나쯤은 지뢰밭을 가지고 있다. 다른 사람이 볼 때는 별 것이 아닌데 나에게는 중요한 문제가 있지 않은가? 상대방이 다니는 회사를 함부로 이야기하는 것, 잘하지 못하는 것에 관해 함부로 말하는 것, 취향을 무시하는 것 등, 우리는 생활 속에서 타인의 지뢰밭을 너무나 많이 건드리고 있다. 대수롭지 않을 수 있지만 나의 가장 중요한 약점이라고 생각한다면 이해가 될 것이다. 서로의 지뢰밭을 알고 그것을 건드리지 않아야 한다.

31

아들과 아버지 사이,
십만 킬로미터

정말 오랜만에 아들과 단둘이 식사를 하게 되었다. 나름 아들이 좋아할 것 같은 패밀리 레스토랑을 예약했다. 세심하게 배려해 주었다고 생각해 기분이 좋았다. 이를 계기로 아들과 좀 더 가까워질 것이라 확신했다. 아들은 필자에게 고마워할 것이고 그동안 서먹했던 관계도 좋아지리라 기대했다.

그런데 이상했다. 차를 타고 가는 동안 아들은 아무 말도 하지 않고 스마트폰을 보기만 했다. 그 순간 짜증이 났다. 뭐 하냐는 물음에 아무 말도 하지 않았다. 이어폰을 꽂고 있었다. 필자는 운전만 하고 있었다. 길까지 밀렸다. 더 큰 짜증이 몰려왔지만 참았다. 분명 아들은 레스토랑을 좋아할 것이고, 감동할 것이다. 그것으로 충분했다.

드디어 도착했다. 그런데 아들이 던진 한마디. "어, 얼마 전에 온 덴데. 더럽게 맛없던데." 화가 머리끝까지 치밀었지만 참았다. 식사를 하다 보면 분명 좋아질 것이라 생각했다. 자리에 앉은 후에도 녀석은 이어폰을 빼지 않았다. 필자는 그저 운전기사이자 밥 사 주는 사람인가 하는 생각이 들었다. 최대한 기분이 나쁘지 않게 이어폰을 뺄 것을 요구했다. 아들도 마지못해 이어폰을 빼고 메뉴판을 쳐다봤다.

아들에게 무슨 말부터 해야 할지 몰랐다. 그리고 얼마간에 침묵이 흘렀다. 필자는 말했다. "요즘 공부는 잘하냐?" 아들은 다시 이어폰을 꽂았다.

아이에게 다가가는 길이 무엇이라 생각하는가? 바로 함께 무엇인가를 하는 것이다. 같이 놀아 주고 적어도 목욕하러 다니는 것만으로도 아이와 대화할 수 있는 내용은 풍부해진다. 이런 사전 작업 없이 식사만 몇 번 한다고 해서 아이와의 관계가 좋아지지 않는다는 것을 우리는 잘 알고 있다. 아이가 좋아하는 것을 잘 봐 두었다가 관심을 가져 주는 것이 더 효과적일 것이다. 또한 당신의 요즘 이야기도 적절히 해주는 것도 좋다. 단 설교나 훈시가 아니라 어떻게 지내는지 근황을 가볍게 이야기하면서 마음을 여는 것이다.

32

즐거운 일을
함께하라

"식사하셨습니까? 언제 밥이나 같이 먹자?"라는 것은 관계를 맺고자 하는 메시지라고 봐야 한다. 우리는 대개 인사치레로 생각하고 넘어가는데 관계를 잘 맺는 사람은 식사 자리를 즐겨 하며 그것을 기회로 관계의 통로를 만든다.

예수의 소통 방식 중 하나는 식사이다. 제자들과 헤어지기 전에도 식사를 같이 했다. 그 자리에서 중요한 말씀과 메시지를 전했다. 자신이 떠나고 난 후 제자들이 어떻게 해야할지 각자의 임무를 설명했다. 대중들과 접촉을 할 때도 식사를 자주 했다.

심지어 설교 중에는 굶주린 사람들에게 오병이어의 기적을 일으킨다. 즉 물고기 두 마리와 떡 다섯 개로 5,000명을 먹이는 사건이다. 심지어 적대적인 관계에 있던 종교 지도자와도 식사를 함께했다. 이것은 무언가를 함께하면서 그 사람과 교감하고자 하는 것이다.

연애를 오래 할수록 헤어지기 힘들고 헤어지고 나서도 계속 생각이 나는 것은 같이 한 것이 많기 때문이다. 첫 만남, 떨리는 고백, 잊지 못할 추억, 싸웠던 아픔, 화해 등이 나이테처럼 켜켜이 쌓여간다.

공감공명을 하기 위해서도 무언가를 함께하는 것이 좋다. 물론 자기중심적으로 만나면 안 좋은 이미지가 쌓여 가겠지만 상대방의 마음을 헤아려 상대방이 원하는 것을 같이 하면 공감공명의 울림이 더욱 커질 것이다. 바로 상대방 중심의 만남이다. 결국 관계는 시간과 공간, 생각을 공유하며 발전하는 것이다.

33

상대방의 마음을
상상하라

은성이와 준원이가 인형을 가지고 놀고 있다. 은성이가 놀고 난 후 인형을 유모차 안에 넣고 방을 나간다. 잠시 후 준원이는 인형을 정리하며 유모차 안에 넣어 둔 은성이의 인형을 꺼내 상자에 집어넣는다. 시간이 흘러 은성이가 들어온다. 은성이는 어디서 인형을 찾을까?

당신은 당연히 '유모차'라고 생각할 것이다. 물론 현재는 인형이 상자 안에 들어가 있지만 은성이의 입장에서 조금만 생각하면 가능한 일이다. 그런데 공감 능력이 떨어지는 사람은 자기가 본 것을 중심으로 생각하기 때문에 '상자'

라고 말한다.

내가 아닌 상대방의 입장에서 상대방을 챙기는 것에서 관계는 시작된다. 이렇게 출발해 나의 진심을 보여 주면 서로의 몸과 마음은 공명하게 되고 선순환의 기운이 감돌게 된다.

우리는 선천적으로 공감하도록 설계되었지만 생활하면서 이기적으로 살아간다. 사회가 경쟁 시스템인 문제도 있지만 뇌 자체의 기능과도 관련이 있다. 뇌는 기본적으로 자기의 정당성을 높이기 위해 작동하는 것이다. 오감이 전해 주는 데이터를 해석하는 기제이지 진실만을 추구하지 않는다. 따라서 인간은 먼저 행동하고 그것을 뇌가 정당화하도록 움직인다는 것이 뇌신경과학자들의 공통된 주장이다. 이처럼 소통과 공감은 어렵다. 하지만 공감 능력의 선천성과 관계에서 느낄 수 있는 행복이라는 희망을 놓지 않고 오늘도 다른 사람과 공감공명을 하기 위해 노력해야 하지 않을까?

앞선 실험은 케임브리지 대학교의 심리학자인 코헨Simon Baron-Cohen이 한 '앤과 샐리의 실험'을 재구성한 것이다. 조망 수용 능력을 보는 실험으로 조망 수용 능력은 타인의 감정을 공감하고 타인의 입장에서 생각하는 것이다. 혹시 내가 본 것과 느낌, 가치관만으로 세상을 보고 있지는 않은가?

34

단정 짓지 말고
확인하라

당신이 이야기를 할 때 상대방이 집중해서 잘 듣는가? 그리고 당신의 의도가 오해 없이 상대방에게 전달이 잘 되는가? 공감 스피치란 나의 메시지를 상대방의 언어로 말하는 것을 뜻한다.

공감 스피치가 잘되고 있는지 생각해 보자. 우선 상대방을 존중하고 자신을 낮추는 말하기를 하고 있는가? 예를 들어 소리가 작은 사람과 대화할 때 어떻게 묻는가? "소리 좀 크게 해 주세요."라고 하는지 아니면 "제가 잘 못 들었습니다. 다시 한 번 말씀해 주시겠습니까?"라고 하는지 생각해 보자. 후자가 훨씬 공감적이다. 우리는 보통 자기중심으로 편의에 따라 말을 하기 때문이다.

또한 '확인하기'와 'if 말하기'를 하는가이다. 확인하기는 상대방이 말한 내용을 다시 정리해 표현하는 것이다. 상대방의 이야기를 집중해서 듣고 있다는 자기표현이다. 앞에서 전제한 것처럼 우리는 상대방을 제대로 알지 못한다는 것을 인정해야 한다. 상대방이 보여 주고 말한 것에서 단지 추측할 뿐이다. 따라서 단정 짓지 말고 여지를 남겨 두어야 한다는 것이다. "내가 정확히 이해했다면(if), 이 말이 맞는지 모르겠네."라고 말하면 상대방의 공감을 높일 수 있을 것이다. 상대방의 생각을 나는 이렇게 생각하는데 '이것이 맞는다면(if)'이라는 전제를 가져야 한다는 것이다. 즉, 다시 한 번 수정할 수 있도록 여지를 남겨 둬야 한다.

우리는 상대방의 언어와 비언어의 단서를 정확하게 판단하기 어렵다. 따라서 예단하거나 단정하지 말아야 한다. 상대방의 사소한 말투를 보고 나를 무시한다고 단정 지어서는 안 된다. 항상 나는 상대방을 알아 가고 있다는 생각을 전제해야 할 것이다. 그리고 나를 낮추는 겸양한 자세는 기본일 것이다.

또한, 공감 스피치를 위해서는 부정적인 표현을 삼가야한다. 부정적인 감정을 말로 표현하면 말하는 사람의 뇌뿐만 아니라 상대방의 뇌에서도 스트레스 물질이 분비된다는 놀라운 연구가 있다. 이성적으로 대화하다가도 서로의 지뢰밭, 정체성을 훼손하는 말, 즉 상처를 주는 말이 튀어나오면 그때부터 감정의 소용돌이에 빠지게 된다. 몸 상태가 변하면서 마음에도 없는 말을 하게 된다. 상대방은 그 말에 상처를 받아 더 심한 말을 하고 나도 갈수록 더 강하게 대응한다. 이런 악순환에 빠지면 관계는 더욱 심각하게 훼손될 것이다. 따라서 공감 스피치의 핵심은 부정적 표현이 아닌 긍정적 표현을 해야 한다는 사실이다.

공감공명이 되지 않으면 공감 스피치가 될 수 없다. 그리고 공감공명만 있고 자기를 표현하지 않는 것도 문제가 있다. 나의 의사와 느낌을 상대방에게 적절한 언어로 전달해야 한다. 우리는 말로 생각을 표현한다. 그리고 습관적인 말투와 언어는 뇌에 영향을 주게 되고 이것은 행동으로 이어진다. 무의식적으로 나오는 행동은 내 생각과 언어에 연결이 되어 있다.

니가 너무 보고 싶어서 전화를 걸어

날 사랑하냐고 물어봤더니

귀찮은 듯한 너의 목소리 나 지금 바빠

(듣고 보니 내가 너무 미안해)

대화가 필요해 (이럴 바엔 우리 헤어져)

내가 너를 너무 몰랐어 (그런 말로 넘어가지마)

항상 내 곁에 있어서 너의 소중함과 고마움까지도

다 잊고 살았어

대화가 필요해 우린 대화가 부족해

서로 사랑하면서도 사소한 오해 맘에 없는 말들로

서로 힘들게 해 (너를 너무 사랑해)

대화가 필요해

─ 자두, 〈대화가 필요해〉 중에서

    연애를 하다 보면 여러 가지 감정을 경험하게 된다. 그중 하나가 집착이다. 사랑하면 자유를 주어야 하지만 현실은 그렇지 않다. 사랑은 공평하지 않다. 내가 100 만큼 사랑의 감정을 주면 적어도 그만큼은 사랑을 받고 싶다. 상대방이 100

을 주어도 나는 부족하다고 느낀다.

서로만을 보며 사랑하게 되었다. 가까워지자 차츰 성격의 문제이든 환경의 문제이든 여자가 남자에게 제약을 하기 시작한다. 애인이 술을 좋아하니 여자는 여간 신경 쓰이는 것이 아니다. 정작 본인도 친구들을 술자리에서 자주 만나지만 자신의 남자 친구가 질펀하게 술을 마시는 것은 싫다.

술자리에서 무슨 일이 일어날지 걱정되는 것이 사실이다. 이때 여자는 불만을 토로하기 시작한다. "누가 나왔는데? 꼭 가야 돼? 몇 시까지 나와. 그 자리 안 가면 안 돼? 왜 그러는데?" 말하는 여자뿐 아니라 남자도 심각한 스트레스를 받게 된다.

투쟁·도피의 반응이 나온다. 남자 입장에서는 그녀의 간섭과 부정적인 말이 짜증스럽게 느껴진다. 그래서 상대방을 비난하든지 피해버리게 된다. 여자는 남자가 변했다고 생각을 하며 필요 이상의 걱정과 공상을 하게 된다. 집착하게 되고 관계는 점점 악화된다. 서로 비난하지 않고 부정적으로 표현하지 않으면서 공감 스피치가 시작된다. 우리에게는 상처주지 않고 서로 보듬어 주는 대화가 필요하다.

간결하게 전달하라

30초 이하로 짧고 명료하게 말하는 것은 공감 스피치의 핵심이다. 학창 시절 교장 선생님께서 하신 훈시는 대부분 집중하기 어려울 정도로 길었다. 지금 생각하면 이해가 된다. 답답하고 말썽 많은 중학생에게 교장 선생님은 해 주고 싶은 말이 너무나 많았을 것이다. 그리고 전교생을 모아 자주 이야기하기는 쉽지 않기 때문이다.

과연 우리는 그 훈시를 듣고 달라졌는가? 그때 하신 말씀이 기억나는가? 학창 시절 교장 선생님의 훈시 중 기억나는 것은 위편삼절韋編三絶이라는 이야기이다. 초등학교 6학년 때로 기억나는데 위편삼절에 관해 끊임없이 말씀하셨다.

공자가 주역을 즐겨 읽어 가죽 끈이 세 번이나 끊어졌다는 이야기이다. 그만큼 책을 많이 읽어야 한다는 말씀이셨다. 그분의 훈시는 길지 않았다. 핵심은 의지를 가지고 공부하고 책을 많이 읽어야 한다는 것이다. 지루했지만 30년이 지나도 기억이 나는 것은 짧고 간결했고 반복해서 다른 사례를 들려주셨기 때문이다. 당신은 어떤 훈시가 기억나는가?

우리의 장기 기억은 많은 데이터를 기억하지만 초기에는 네 개의 덩어리, 30초 이하의 이야기만 기억한다. 따라서 내가 아무리 중요한 이야기를 하더라도 30초가 넘어가면 상대방이 기억하기가 쉽지 않고 건성으로 들을 수밖에 없다.

그리고 사실 말이 길어지면 지루해지는 것은 당연한 이치 아닌가? 따라서 30초 이내로 간결하게 말하자. 이것은 나의 메시지가 잘 전달되는 비법 중의 하나이다. 생각이 정리되지 않으면 중언부언하게 되어 있다.

우리가 싸울 때 이 방법을 쓰는 것이 효과적이다. 물론 감정의 폭풍이 지나가고 있는데 "응, 알았어. 이제부터 30초씩만 이야기하자. 자, 당신 차례." 이럴 수는 없다. 하지만 적어도 나의 말수를 줄이고 흥분 상태를 가라앉혀 억양을 조금

안정시키는 것이 필요하다.

우선 나부터 30초 이하로 말하자. 싸울 때는 말이 길어진다. 자기변명을 하기 때문이다. "나도 말 좀 하자!" 그런데 말을 많이 한다고 싸움에서 이기는가? 마음이 편안해지는가? 말이 길어질수록 실수가 많아지고 마음은 풀리기는커녕 꼬이게 되어 있다.

36

진정성을 느낄 수 있는
말 한마디를 하라

"감사합니다."

VS

"정말 감사합니다. 근무를 바꿔 주셔서 집안일을 잘 봤어요. 힘드셨을 텐데." 또는

"도움을 주셔서 감사해요. 다음에 제가 근무 바꿔 드릴까요?"

당신은 어떻게 상대방에게 감사를 표시하는가? 쑥스럽고 표현이 능숙하지 못하다고 해서 "감사합니다."라는 말 한마

디로 감사를 표시하고 있지는 않은가? 내가 상대방을 잘 알지 못하듯 상대방도 내 마음을 잘 알지 못한다. 따라서 감사의 표시는 구체적이고 명확하게 해야 한다. 우선 구체성이 필요하다. 무엇에 관해 감사한지 적시해야 한다.

"근무를 바꿔 주셔서 감사합니다."

다음으로는 상대방의 노력을 언급하면 좋다.

"힘드셨을 텐데요."

그리고 당신의 수고 덕분에 내가 어떻게 되었는지 밝히고 다시 한 번 감사한다.

"집안일을 잘 봤어요. 다음에는 제가 바꿔 드릴게요."

"죄송합니다."

vs

"죄송합니다. 제가 실수로 빌려 주신 책을 잃어버렸네요. 제 잘못입니다. 어떻게 하면 좋을까요? 제가 책을 다시 사서 드릴게요. 중요한 메모 같은 것이 있던 것 같은데. 다시 한 번 사과드립니다."

사과도 감사와 마찬가지로 진정성이 담겨 있는 것이 가장 중요하다. 그러기 위해서는 가시적인 보상과 책임을 지는 모습을 보여 주는 것이 필요하다. 어떤 실수를 했는지 구체적으로 언급하고 책임을 인정하라. 그리고 보상에 관한 언급과 다시 한 번 용서를 구하자. 감사와 사과는 마음으로 하는 것이 아니라 말로 하고 행동을 할 때 완성된다.

감사와 사과는 관계에 있어 상대방을 존중한다는 자기표현이다. 적극적으로 반응해 상대방을 인정하고 있다는 것을 보여 주는 것이다. 형식적인 감사와 사과가 아닌 진심이 담긴 감사와 사과는 반드시 행동이 따라야 한다. 그때 관계 속에서 신뢰가 싹튼다.

37

소통의 핵심은
인정과 존중이다

소통, 상대 챙김의 핵심은 인정과 존중이다. 인정은 타인을 있는 그대로 바라봐 주는 것이다. 상대방을 판단하지 말고 있는 그대로 바라봐 주는 것이다. 그럴 때 상대방의 창으로 함께 세상을 볼 수 있다.

존중은 상대방을 높여 귀하게 대하는 것이다. 관계를 맺자고 하는 것은 상대방이 내게 필요한 존재임을 인정하는 자기 고백이다. 결국 관계에서 나는 행복해질 수 있고 의미를 찾을 수 있다. 그런 인식이 전제되어 있을 때 우리의 말과 행동, 태도가 달라진다.

인정과 존중은 관계를 풍요롭게 한다. 그 위에서 관계의 반석인 신뢰가 형성된다. 관계는 풍요로워지고 결실을 맺게 된다.

상대방을 인정하고 존중했는지는 나의 말과 행동으로 명확해진다. "말은 단순한 언어가 아니라 일종의 행동이다. 거친 말은 다른 사람에게 주먹을 날리는 것이다." 영국의 철학자 오스틴J. L. Austin의 말처럼 우리는 상대방에게 어떻게 말하고 있는지 반성해 보자. 상대방을 있는 그대로 인정하지 않으면 우리의 말도 내 중심으로 나오게 된다. 다분히 이기적이며 때로는 폭력적이기도 하다. 자기 챙김과 상대 챙김의 깊은 고민과 실천 속에서 우리 모두 관계에서 행복을 느낄 것이다.

"생각이 깊어지면 행동하지 아니할 수 없다."라는 김용옥 교수의 말처럼, 관계에 관해 생각이 깊어지면 행동하지 않을 수 없다. 우리의 언행이 변하지 않는 이유는 우리의 생각이 깊지 않기 때문이다. 이 책이 그 고민의 도화선이 되었으면 하는 바람이다.

남이 당신에게 말해주기를 바라는 대로 말하고,

남이 당신의 말을 들어주기 바라는 대로 들어라.

Chapter 04

관계에서 상처받지 않는 소통의 기술 :
스피치, 매력, 대화, 갈등, 설득

38

관계의 물꼬는
내가 튼다

인간만큼 이기적인 동물은 없을 것이다. 우리는 종종 자기중심적이고 돈에 끌리며 자아도취에 빠진다. 우리는 1등만을 기억한다. 내가 성공하기 위해 다른 사람을 이용하고 업신여긴다. 사기와 음모, 권모술수의 역사이다.

그런데 가만히 생각해 보면 인간은 매우 협력적인 동물이다. 비록 전략적으로 협력하는 것인데도 말이다. 비행기 안에 고릴라 300마리가 일반 좌석에 앉아서 열 시간 동안 비행을 한다면 어떻게 될까? 분명 털이 빠진 고릴라, 귀를 물어 뜯긴 고릴라, 피를 흘리는 고릴라 등 난장판이 될 것이다.

하지만 인간은 참고 인내하며 다른 사람과의 관계를 유지한다. 단순히 이기적이라는 것만으로 이 상황을 설명할 수 없다. 우리가 먹는 아침의 식탁도 사실 협력의 산물이다. 물론 돈이라는 재화가 필요하기는 하지만 신선한 농산물과 유통 과정, 그리고 집에서 요리하는 아내 등 여러 가지 협력의 과정을 통해 우리는 오늘도 아침을 먹는다. 인간은 개인적으로는 이기적일지 모르지만 인간 집단을 봤을 때는 협력의 모습을 충분히 볼 수 있다.

인류는 진화를 통해 발전했다. 다윈이 말한 것처럼 진화의 핵심은 변이mutation와 선택selection이다. 변이를 통해 다양성이 보장되었고 선택을 통해 우성인자만이 선택받았다. 그런데 여러 가지 자연의 모습을 보면 단순히 변이와 선택만으로 모든 것이 설명되지는 않는다.

사자는 먹이를 잡기 위해 다른 사자와 협력하고, 미어캣은 목숨을 걸고 공동의 서식지를 지킨다. 개미는 공동체를 위해 자신의 노력을 아끼지 않는다.

1980년 메릴랜드 대학교 윌킨슨Gerald Wilkinson 교수는 흡혈박쥐도 협력한다는 것을 밝혀낸다. 하루에 3분의 1 정도의 박쥐는 충분한 피를 섭취하지 못한다. 그런데 놀라운 사실은 그 날 많은 피를 얻은 박쥐가 다른 박쥐와 피를 공유한 다는 점이다. 자신의 피가 충분하지 않을 때는 다른 박쥐의 도움을 기대하는 것이다.

원숭이 사이에서 이를 잡아 주는 것, 그루밍도 관계에 있 어 중요한 작업이다. 서로의 불편함을 덜어 주면서 관계를 맺어 나가는 것이다. 결국, 협력도 진화·발전의 중요한 요소 임에 틀림이 없다.

관계는 나로부터, 내가 시작하는 것이다. 즉 나와의 소통, 자기 챙김을 통해 관계를 맺을 힘을 얻고, 그것을 바탕으로 상대방과의 소통, 상대 챙김을 시작하는 것이다.

이런 선순환은 관계를 더 튼튼하게 만든다. 하지만 이것 으로 끝나지 않는다. 보다 많은 사람과 다양한 상황 속에 서 협력하기 위해서는 관계의 기술을 습득하는 것이 필요하 다. 그것이 전략적이든 그렇지 않든 세상을 살아가기 위해 서는 최소한의 기술은 익혀야 한다. 상처받지 않고 살기 위 해서 말이다. 동시에 상대방에게 상처를 주지 않기 위한 것 이기도 하다.

39

협력하는 조직이
더 큰 성과를 낸다

산타모니카 랜드 연구소의 플러드Merrill Flood와 드레서Melvin Dresher가 고안한 '죄수의 딜레마' 연구를 보면 협력에 관해 많은 생각을 하게 된다.

실험은 다음과 같다. 나는 공범과 함께 잡혀 왔다. 각각의 방에 갇힌 나와 공범은 자백을 강요받는다. 내가 배신하고 상대가 묵비권을 행사(협력)하면 나는 징역 1년형, 상대는 징역 4년형을 받는다. 내가 배신하고 상대도 배신하면 모두 징역 3년형을 받는다. 반대로 나와 공범이 모두 묵비권을 행사하면, 즉 협력하면 징역 2년형을 받는다. 그러나 나는 배신하

		상대	
		협력(침묵)	배신(자백)
나	협력(침묵)	(2년, 2년)	(4년, 1년)
	배신(자백)	(1년, 4년)	(3년, 3년)

지 않고 상대가 배신하면 반대로 나는 징역 4년형, 상대방은 징역 1년형을 받는다. 과연 어떻게 할 것인가?

일단 상대가 무엇을 하든 배신하는 것이 나에게 유리하다. 어떻게 되었든지 잘되면 징역 1년, 못되면 징역 3년으로 최악인 징역 4년을 면할 수 있기 때문이다. 하지만 문제는 상대도 가만히 있지 않을 것이라는 사실이다. 서로 배신을 하면 징역 3년형에 처해진다.

따라서 최선은 아니더라도 차선을 선택해 협력하는 것이 서로에게 유리하다. 조직 전체를 놓고 보면 더 확연해진다. 배신자는 결국 조직 안에서 승리할 수 있지만 조직 전체의 차원으로 봤을 때는 배신자가 많은 조직보다는 협력자가 많은 조직이 더 큰 성과를 내는 것은 자명하다. 협력은 정보와 지식의 교류, 협업이 가능하기 때문이다.

하버드 대학교 교수이자 진화생물학자, 수학자인 마틴 노

악Martin Nowak은 이 죄수의 딜레마를 극복하기 위한 방법 중의 하나로 상호 교환의 원칙을 말한다. 우리가 일상에서 많이 접하는 '기브앤테이크give & take' 원리이다. 내가 준 만큼 상대방에게 얻는다는 것이다. 결국 '팃포탯tit for tat 전략(맞대응 전략)'이 우리 관계에 있어 어느 정도 필요하다는 것이다.

미시간 대학교 액설로드Robert Axelrod 교수가 1970년대 이 죄수의 딜레마 실험을 가지고 여러 전략을 사용한 결과 최상의 성과는 상대방의 행동에 따라 대응하는 전략이었다. 즉 상대방을 신뢰하되 상대방이 배신을 하면 다음번에 반드시 배신을 해서 갚아 줘야 한다는 것이다. 냉정한 경쟁 속에서 '팃포탯 전략'이 가장 효과적이라는 것이다. 우리의 관계에 있어서도 상대방의 행동에 따라 행동하는 것도 때로는 필요하다.

40

당신의 언어가
당신을 말한다

왜 인간은 다른 동물들보다 언어가 발달했을까? 뇌의 용량이 크기 때문일까? 소통을 해야 하는 복잡한 상황과 환경 때문일까? 다른 집단보다 앞서기 위해서일까? 협업하는 일이 상대적으로 많기 때문일까?

필자는 이 모든 것이 모두 해당된다고 생각한다. 넓은 들판에서 풀을 뜯는 소를 생각해 보자. 소들끼리 의사소통이 많이 필요했을까? 위협이 닥쳤을 때는 긴박한 울음만으로 충분했다. 소들끼리 해야 하는 일들은 상대적으로 적었을 것이다.

그런데 인간은 어떠한가? 다른 포유동물보다 상대적으로 위험 요소가 많은 곳에서 생존해야 하는 조건에 체격은 왜소했다. 결정적으로 새로운 도구를 개발하고 농사를 지었고 사냥을 했다. 즉 다른 인간과 의사소통을 해야 할 일이 많아진 것이다.

인간은 이기심만으로는 험난한 세상을 이겨낼 수 없다는 것을 체득하게 된다. 협동을 해야 하는 필연적인 상황에 놓인 것이다. 인간이 소통하게 되면서 언어가 발달하게 된다.

다른 동물들은 자신의 유전자와 노하우를 전하기 위해 교미를 통해 후대에 메시지를 전했지만 인간은 언어로 다양한 정보와 지식을 전하게 된다. 또한 인간은 언어로써 정보를 교류할 뿐 아니라 관계를 형성한다.

말을 한다는 것은 여러 가지 의미를 가진다. 말을 하면서 나의 의미를 찾을 수 있다. 언어 교환을 통해 나의 위치를 확인하고 의미를 부여한다. 한 집의 가장으로, 회사에서 과장으로, 모임에서 총무로, 후배들에게 존경 받는 선배로 말이다. 이처럼 말은 나를 나답게 만드는 도구이다. 또한 말은 나를 표현하는 도구이다. 나를 알리는 창구이다. 그런 의미에서 말은 관계를 맺는 다리이다.

41

당신만의 언어로
말하라

필자가 2013년에 〈SERI CEO〉 강좌에서 강의한 주제는 '스피치의 달인'이었다. 역사적으로 유명한 연설가의 특징을 살피는 것이었다. 그들의 공통점 중 하나는 다독多讀이었고, 그것은 연설의 큰 힘이 되었다.

제2차 세계대전을 승리로 이끈 영국의 총리 윈스턴 처칠은 말더듬이었다. 그는 자신의 핸디캡을 극복하기 위해 《로마 제국 쇠망사》를 여덟 번 베껴 쓰며 연설 연습을 했다.

"우리가 두려워할 것은 두려움 그 자체다."라는 명언을 남긴 프랭클린 루스벨트는 미국의 대공황 시기 미국인에게 희망을 안겨주었다. 사실 그도 연설을 배운 시점은 서른 여덟 살이다. 왜냐하면 그때 척수성 소아마비에 걸렸기 때문이다.

사실 그전에는 말을 잘할 필요가 없었다. 명문 정치가 집안에서 태어나 생활하는 데 큰 어려움이 없었기 때문이다. 하지만 소아마비에 걸리자마자 세상과 소통하기 위해 하이드 파크 별장에 가서 독서를 한다. 그 역시 책으로 연설을 배웠다.

영미권 리더 중의 리더를 꼽아 보라고 하면 필자는 에이브러햄 링컨을 꼽는다. 리더들의 정신적 리더로 치유와 통합의 원칙을 세웠으며 최고의 명연설로 꼽히는 게티즈버그 연설을 했다. 그는 사실 정규교육을 1년 미만으로 받았으며 여러모로 어려움이 많았다. 그도 역시 책에서 연설을 배웠다.

그런데 궁금하지 않은가? 책을 많이 읽는 것만으로 모든 사람들이 연설을 잘하지는 않는다. 그러면 다독과 연설을 연결하는 고리는 무엇인가? 그것은 바로 육감이다. 생각하고 – 쓰고 – 보고 – 말하고 – 상대방의 반응을 보고 – 느끼는 것으로 여섯 단계에서 콘텐츠를 내 것으로 소화해야 한다는 것이다.

우리는 보통 원고가 나오면 그것을 여러 번 읽어 보는 것에 그친다. 필자는 프레젠테이션 컨설팅을 할 때 쓰는 방법이 있다. 그 프레젠테이션이 설령 원고 읽기식이라고 하더라도 슬라이드만 보면서 필자에게 그 내용을 설명해 달라고 요구한다. 그러면 대화를 하면서 내용을 머릿속에 다시 한 번 정리할 수 있게 된다. 핵심은 이해한 것을 나의 언어로 말해 보는 것이다.

당신이 중요한 보고를 해야 한다면 보고서를 단순히 읽지 말고 그 내용을 다른 사람에게 당신의 언어로 설명해 보라. 그리고 상대방이 당신의 설명을 어떻게 이해하는지 보면서 그 과정을 반추해 보는 것이다. 당신이 말할 때 상대방이 이야기를 어떻게 듣는지 파악하고 그 전 과정을 복기해 보자.

42

외모와 매력의 관계는?

　유치원생들을 대상으로 실험을 진행했다. 아이들에게 어떤 친구가 인기가 있는지 물어봤다. 대부분의 아이들은 외모가 뛰어난 친구를 꼽았다. 그러는 사이에 옆방에 여러 인물 사진을 설치했고 선생님이 아이들을 한 명씩 사진이 설치된 방으로 데리고 들어갔다.

　사진은 A3 크기의 패널로 제작해 나란히 놓아두었다. 누가 봐도 예쁘게 생긴 날씬한 여자, 잘생긴 남자였고, 그 옆에는 일부러 얼굴을 일그러뜨려 우스꽝스러운 표정을 지은 통통한 여자와 남자의 사진을 배치했다. "이 두 사람 중에서 누구랑 더 친구하고 싶어요?" 잠시 눈동자가 양쪽 사진 속 인물을 바쁘게 훑고 난 뒤 손가락으로 가리킨 사람은 외모가 상대적으로 뛰어난 사람이었다.

이번에는 외모와 전혀 상관없는 행동에 관한 질문을 했다. 여기에서도 상당수의 아이들이 예쁘고 잘생긴 사람들이 더 똑똑하고 부지런할 것 같다고 대답했다. 친구를 선택할 때처럼 압도적인 차이는 없었지만 예쁘고 잘생긴 사람에게 긍정적인 평가가 많았다.

이 실험은 SBS 스페셜 〈매력 DNA, 그들이 인기 있는 이유〉에서 진행한 것이다. 고려대학교 심리학과 성영신 교수 팀은 2009년 연구 결과에서 외모가 아름다울수록 지적 능력이 높고 폭넓은 대인관계를 가지고 있을 것이라고 사람들이 추론한다고 주장했다.

우리는 일상에서 외모가 뛰어난 사람에게 매력과 호감을 가진다. 그러나 나이가 들고 인생의 경험이 많아질수록 외모가 매력을 판단하는 절대적인 기준이 되지 않는다.

이는 미국 터프츠 대학교의 암바디Nalini Ambady 교수의 실험을 보면 명확해진다. 암바디 교수는 성공한 CEO와 실패한 CEO의 사진을 준비했다. 그리고 성공한 CEO의 외모는 누가 봐도 실패한 CEO보다 좋지 못했다.

과연 사람들은 성공한 사람이 누구인지, 더 능력 있는 사람이 누구인지 알아낼 수 있을까? 놀랍게도 대부분의 사람이 성공한 CEO를 선택했다. 사람들은 단순히 외모만으로 능력을 평가하지 않는다. 선택한 사람은 잘생기지 않았지만 얼굴에서 통제력과 카리스마가 있으면서 부드러운 느낌이 있었다. 즉 자신의 외모와 일을 향한 자신감이 표정으로 사람들에게 전달된 것이다.

관계를 맺을 때 매력은 매우 중요하다. 내가 상대방의 호감을 얻으면 훨씬 수월하게 관계를 맺을 수 있기 때문이다. 우리는 매력적인 사람과 관계 맺기를 원한다. 그리고 본능적으로 끌리게 되어 있다. 매력적인 사람은 관계를 맺을 때 유리한 것이 분명하다. 하지만 매력은 단순히 외부로 드러나는 부분만이 아니다. 자신의 언행에서 자연스럽게 타인에게 호의를 이끌어 내는 능력이다.

43

매력적인 사람의 요건

우리는 나와 유사한 사람에게 매력을 느낀다. 영국 세인트앤드루스 대학교 페렛David Peret 교수팀은 200여 명을 대상으로 사진을 보여주고 매력적인 사람을 찾도록 했다. 대부분의 사람들이 자신의 얼굴이 합성된 즉, 나와 유사한 사람을 선택했다.

우리는 나와 비슷한 유전자를 가진 사람에게 좀 더 끌린다고 한다. 뇌과학에서는 우리가 맨 처음 판단하는 것이 나와의 유사성이라고 한다.

낯선 사람과 마주쳤을 때 저 사람이 나를 해치지 않을 것인가를 본능에 따라 판단하게 된다. 그것은 3초 안에 이루어지며 특히 우리는 상대방의 눈을 보며 비슷한 점을 찾게 된다. 따라서 우리는 사람을 만났을 때 눈 맞춤을 잘해야 한다. 상대방에게 집중한다고 너무 의식적으로 두 눈을 똑바로 쳐다보는 것이 좋은 것은 아니다. 상대방이 분노, 공격의 의미로도 받아들일 수 있기 때문이다.

따라서 상대방의 양쪽 눈을 적절히 교대로 보는 것이 더 효과적이다. 상대방이 말을 할 때는 고갯짓을 하며 눈을 살짝 내려 주는 것이 상대방을 더 편안하게 만든다.

그런데 피해야 할 것은 상대방에게 말을 하면서 고개를 숙이거나 돌리는 행위이다. 상대방에게 거절, 무시의 의미를 줄 수 있다. 상대방을 되도록이면 비슷하게 바라보고 제스처와 톤을 맞춰 주는 것이 매력을 높일 수 있는 한 방법이다.

신체적 매력에서 또 한 부분은 자신감이다. 자신의 외모에 자신감을 가지면 표정에서 적절한 카리스마로 나타나게 된다. 당신도 새로 산 비싼 옷을 입고 나갔을 때 당당함을 기억하고 있지 않은가? 나의 자신감은 나의 태도와 말로 사람들에게 전달된다.

양귀비, 클레오파트라, 카사노바의 사진이나 그림을 보면 객관적으로 잘생긴 외모를 가진 사람들이 아니다. 다만 그들은 상대방에게 자신감 있는 모습을 보여줄 수 있었다. 더 나아가 상대방을 사랑하는 방법도 알고 있었다.

그들 모두 해박한 지식과 뛰어난 말솜씨를 가졌다고 한다. 양귀비는 춤과 음악에 조예가 깊었고 클레오파트라는 어린 시절부터 이집트 도서관에서 엄청난 양의 책을 읽었다. 그리고 카사노바는 법학 박사였다. 지식과 경험을 바탕으로 대화의 소재가 풍부했다. 또 그렇게 대화하면서 사람의 마음을 헤아리는 방법을 체득했을 것이다.

결국 나를 사랑하고 상대방을 사랑하는 과정에서 진정한 매력이 나오는 것이 아닐까?

그녀는 카사노바에게
어떤 매력을 느꼈을까?

무한도전 200회 특집에서 유재석 씨는 다른 출연자의 모습을 따라 한다. 일인다역을 하면서 프로그램을 진행하는 데 어색하지 않다. 그가 평상시 다른 출연자의 특징적인 모습을 관찰하고 이야기를 들었기 때문에 이런 역할이 가능하다고 생각한다. 평상시에 다른 사람의 특징적인 말과 행동을 관찰하여 상대방이 원하는 것을 파악해야 한다. 이것이 바로 공감 능력이다. 유재석 씨가 진행하는 프로그램을 보면 출연자는 편안한 분위기에서 자신의 이야기를 한다. 그것은 유재석 씨가 상대방의 이야기에 적극적으로 공감하고 배려하기 때문이다.

일방적으로 내 이야기만 하면 상대방을 알지 못한다. 노련한 진행자는 출연자의 모습을 파악해 질문 수위를 조절할 수 있다. 또한 기준 행동을 파악한다. 기준 행동이란 평상시 상대방이 어떤 상태에서 특정한 행동을 하는지 파악하는 것이다.

당황하면 손을 만지는 사람, 화가 날 때 입을 깨무는 사람, 쑥스러울 때 얼굴이 빨개지는 사람 등 상대방의 기준 행동을 파악하면 상대방을 이해하는 데 도움이 된다. 상대방이 당황하는 모습을 보이면 잠깐 말과 행동을 멈추고 시간을 주어 기다려 보자.

카사노바는 공감을 뛰어나게 잘하는 사람이다. 그는 법학 박사일 뿐 아니라 문화와 예술, 요리에 뛰어났다. 그 당시 구속과 제약이 많았던 여성들에게 그는 세상을 알려주는 창이었다. 카사노바와 만나면 자기가 알고 싶은 세상 이야기를 마음껏 들을 수 있었을 것이다. 그리고 카사노바는 상황에 맞게 적절히 대해 주어 여성들을 편안하게 해 주었을 것이다.

공감을 잘하는 사람은 분위기 연출이 뛰어난 사람이다.

좋은 음악을 들을 때 호감이 높아진다는 심리학자 메이 Hamilton May 박사의 연구처럼 공감하는 능력이 뛰어나면 상황에 맞는 분위기를 만들 수 있다. 그 분위기에서 상대방은 마음을 열게 되는 것이다. 그리고 관계는 깊어진다. 당신이 공감을 잘하고 싶다면 먼저 상대방을 관찰하고 무엇을 원하는지 파악하라.

45

함께 시간을 보내라

서로 사랑에 빠져 연인이 되면 깊이 알아보며 맞춰 나간다. 순수한 호기심에 이끌려 궁금증이 끝없이 생기기도 한다. 연인의 사랑이 담긴 말에 감동을 받기도 하고 때로 아픔을 겪게 되기도 한다. 회사에서, 친구들과 만나면 어떻게 하는지, 스트레스를 받을 때는 어떻게 푸는지, 그동안 삶에서 어떤 어려움이 있었는지, 언제 화가 나는지 등 만나면서 탐색하게 된다.

연인이 대화를 많이 나누는 것은 심리적으로 편안해지기 위한 것이라 볼 수 있다. 서로 얼마나 같은 유전자를 가지고 비슷한 생각을 가지고 있는지 파악하는 작업이다. 우리는 자신과 비슷한 사람에게 유전적으로 끌리게 되어 있기 때문이다. 따라서 상대방과 대화를 할 때도 상대방의 모습을 따라 하는 것이 좋다.

상대방의 표정을 티가 나지 않게 따라 하는 것은 좋은 방법이다. 자세도 중요하다. 열린 자세로 듣고 있는지 아니면 팔짱을 끼고 있는지, 기대어 있는지 서 있는지에 따라 나도 맞춰 주는 것이다. 자세와 몸짓을 비슷하게 취하면 상대방을 편안하게 해 준다. 또 중요한 것은 말의 속도와 톤이다. 느리게 말하는 사람은 느리게 대해 주어야 한다. 유사성을 극대화하기 위해서는 자주 접촉하는 것도 중요하다. 서로 친근하게 느낄 수 있기 때문이다.

이것을 단순접촉효과Mere Exposure Effect로 근접성의 원리라고 한다. 파리에서 처음 에펠탑 계획이 발표되었을 때 많은 사람이 반대했다고 한다. 도심 주위에 철탑을 세우는 것은 도시 경관을 해칠 것이기 때문이다. 그런데 에펠탑이 세워지고 자주 접하게 되자 이제는 파리의 상징으로 자리 잡게 되었다. 아무리 호감이 없는 사람도 자주 보면 정이 드는 것이 우리의 인지상정 아닌가?

46

자기를 숨기지 말고
드러내라

지금 라디오에서 대학생을 대상으로 하는 퀴즈 프로그램이 나오고 있다. 당신은 이 프로그램을 처음부터 들었다. 퀴즈에 참석한 사람은 세 명인데 점차 한 사람이 앞서 나간다. 그는 지금까지 나온 문제를 거의 다 풀었다. 또 한 사람은 문제를 잘 맞히지 못했는데 전체 문제의 3분의 1밖에 맞히지 못했다.

당신은 누구를 응원할 것인가? 방송을 마치고 인터뷰에서 문제를 가장 잘 맞혔던 사람이 갑자기 자기 집 주소를 잘 말하지 못하는 등 실수를 한다. 그런데 문제를 맞히지는 못했지만 명확하게 자신의 의견과 소감을 피력하는 사람이 있다. 당신은 누구에게 매력을 느끼겠는가?

심리학자 엘리엇Aronson Elliot 박사의 실험으로 많은 사람들이 똑똑하면서 실수를 하는 사람에게 호감을 느꼈다. 능력이 있으면서도 의외인 면과 인간적인 면을 호감 있게 본 것이다. 능력이 없는데 실수를 하거나 말만 잘하는 것 역시 큰 호감이 되지 못한다.

김연아와 이효리, 박명수의 공통점은 무엇일까? 모두 다 의외성을 가지고 있다는 점이다. 피겨의 여왕이고 냉정한 승부사인 김연아의 인터뷰 내용을 보면 신세대다운 의외의 매력이 있다.

- "메달을 따니 기분이 어떻습니까?" —"메달이구나 싶었어요."
- "피부가 왜 이리 좋습니까?" —"실내 스포츠라 그런가요?"
- "실제로 보고 너무 예쁘다고 소리치는 팬들에게 한 말씀 해 주시죠?"
  —"화장발이에요."

섹시스타 이효리, 그녀는 노래와 춤으로 우리 시대의 섹시 아이콘으로 자리매김했다. 하지만 그녀의 인터뷰를 들어

보면 털털하고 소탈한 의외의 모습을 발견하게 된다. 십여 년 전 이효리가 그룹 활동을 하던 때 찍었던 인터뷰 중 한 부분이 인터넷에서 호응을 얻었다.

한 방송 대기실에 멤버들이 모여 인터뷰하는데 그들 뒤에 이효리가 장식장 위에 드러누워 자고 있는 것이 아닌가? 기가 막히면서도 웃음이 나오는 이 장면은 이효리의 매력을 단적으로 보여 준다. 그녀는 방송에서 섹시 스타, 개구쟁이, 짜증 내는 언니, 마음씨 착한 사람이다.

박명수는 어떤가? 처음 데뷔했을 때 그의 특징은 못생긴 캐릭터였다. 지금은 호통의 아이콘이자, 또 하나는 실수를 자주 해서 하찮은 사람이라는 이미지로 많은 사람에게 호응을 얻고 있다. 나오는 출연자마다 박명수를 무시하고 그가 대드는 것을 보며 사람들은 웃고 즐긴다. 이처럼 상대방이 기대하는 이미지와는 다른 모습을 보여줄 때 사람들은 그 의외의 모습에 매력을 느낀다.

그놈의 커피
한 잔 때문에

어느 주말 오후 나른해져 커피를 마시고 싶었다. 마침 캡슐형 커피 머신이 있어서 작동해 보려고 했다. 그런데 한 번도 해 본 적이 없었다. 그래서 아내에게 물었다.

"나 커피 마시고 싶은데 이 기계 어떻게 하는 거야?"

"먼저, 콘센트 꽂아."

"어 근데 꽂을 데가 없는데."

"하나 뽑아야지."

뽑았는데 그만 돌아가고 있는 식기세척기의 콘센트를 뽑고 말았다. 아내의 질책이 시작됐다.

"왜 그걸 뽑아? 잘 보고 뽑아야지!"

"난 잘 모르잖아."

"딱 보면 몰라?"

심호흡을 하며 나름 참고자 노력을 했다. 그러면 순조롭게 커피를 마실 수 있다고 생각했다. 그런데 그때 아내의 지시가 떨어졌다.

"캡슐 떨어진 통 씻게 싱크대에 갖다 줘."

기껏 가지고 갔더니 왜 전부 가지고 왔냐고 면박을 줬다. 다시 분리해 가져갔다. 커피를 들고 방으로 들어가려고 하는 찰나,

"콘센트 뽑아야지! 제자리에 갖다놔."

부글부글 끓어올랐지만 참아야 했다. 거기에서 결정적인 한마디가 날아왔다!

"콘센트 뽑아서 잘 둬야 해. 거기 물이 많아."

그런데 필자는 벌써 물이 많은 곳에 그냥 두었고 아내의 질책이 이어져 우리는 언쟁하기 시작했다. 필자의 핵심은 왜 먼저 구체적으로 알려 주지 않았는지, 그리고 잘 모르면 가르쳐 줘야 하는데 질책과 훈계만 하면 화가 난다는 것이었다. 반면 아내는 필자가 집안일에 관심이 없고 기본조차 부

족하다고 생각했다.

필자는 이 일 이후로 나의 대화 방식에 어떤 문제점이 있는지 생각하게 되었다. 이 대화만 보면 아내가 조금 심했다는 생각이 들 수 있지만 그간의 사정을 보면 필자에게도 문제가 있다는 것을 알 수 있다. 커피 머신을 구입한 지 이미 수개월이 지났지만 관심이 없어 사용법조차 몰랐다. 한마디로 집안일에 전혀 관심이 없었다는 것이다.

아내에게 도움을 요청하는 입장이라면 더 참고 아내를 더욱 살펴야 했다. 겨우 설거지를 끝내고 쉬고 있는데 도와주기는커녕 커피만 마시겠다고 하니 짜증이 날 수도 있었을 것이다.

내가 원하는 것을 얻으려 하기 전에 상대방이 처한 환경과 상황을 존중하는 것이 필요하다. 대화는 목적뿐 아니라 수많은 맥락과 상황 속에서 이루어지는 것임을 명심해야 할 것이다.

대화는 내용과 관계라는 두 축을 가진다. 내용 면으로 보면 아내가 더 잘못한 것처럼 보이지만 관계라는 측면에서는, 그동안 필자가 집안일을 소홀히 했기에 조금 더 잘못한 것이다.

'밥 달라'는 동일한 말도 월급날 들어와서 하는 것과 술 먹고 새벽 4시에 들어와 '밥 달라' 하는 것은 하늘과 땅 차이가 있다. 모든 것은 맥락이 있으며 그 맥락을 잘 이해하는 것이 대화에 있어 중요하다. 그 맥락과 관계성을 이해하지 못하면 상대방을 이해하지 못한다. 아니 남편이 커피를 마시고 싶다고 애를 쓰는데 도움은 주지 못할망정 훈계를 하고 있으니 말이다. 그래도 속 좁은 필자가 덧붙이자면 아내가 보다 넓은 마음으로 부드럽게 이야기했다면 어떻게 되었을까 생각했다. 연속 콤보로 상대방을 훈계하고 비난하기보다는 한 수 접고 져 준다는 마음으로 너그럽게 상황을 이해했다면 더 좋은 결과가 있지 않았을까 생각한다. 그래도 잘못은 필자가 더 많이 한 것임은 분명하다. 대화는 상황 의존적이다.

48

나만의 감압법을 찾아라

당신은 퇴근하고 집에 들어와서 가족과 바로 대화를 나눌 수 있는가? 어느 날은 잘되지만 안 되는 날이 꽤 많을 것이다. 여러 가지 변수가 있지만 '환경'의 문제일 수도 있다.

직장에서 사회의 논리로 생활하다가 집에 들어왔을 때 갑자기 적응이 안 되는 경우가 있다. 집에서 일어나는 일을 사회의 논리로 보기 때문이다. 환경이 달라진 것을 감안하지 않았기 때문에 문제가 생긴다.

지구에는 두 가지 법칙이 있다고 생각한다. 하나는 세상에서의 법칙이고, 다른 하나는 집안에서의 법칙이다. 집안에서 일어나는 일은 비논리적이고 감성적인 측면이 있다. 우리가 그 둘을 가끔 혼동하기 때문에 실수를 하는 것이 아닐까?

감압decompression이라는 말이 있다. 잠수부들이 깊이 잠수했다가 갑자기 수면 위로 올라오면 몸이 기압 변화에 적응하지 못해 위험에 빠질 수 있기 때문에 천천히 올라오는 것이다.

영국에서는 직원들이 일이 끝나면, 30분 정도 펍pub에 가서 가볍게 한잔하고 집에 가는 것이 일상이다. 이런 것이 감압의 과정이 아닐까? 그런데 우리는 그게 1차가 2차가 되고, 2차가 3차가 되면서 술 마시면서 싸우고 집에 들어가기 때문에 다른 문제가 생긴다. 적당한 감압이 필요하다. 당신은 당신만의 '감압법'을 가지고 있는가?

49

관계의 황금률

적절한 거리를 유지하는 것은 관계에서 황금률이 아닌가 생각한다. 서로 가까워지려고 노력하면서도 서로의 영역을 지켜 줘야 한다는 말이다.

우리는 누군가와 친해지면 상대방의 세밀한 부분까지 알고 싶어 하는 경향이 있다. 그러나 우리가 필요 이상의 관심을 갖는 것은 자기만족이며 욕심에 불과하다. 진정으로 사랑한다면 상대방의 고유한 영역을 인정하고 거리를 유지해야 한다.

대화할 때 당신이 가족 이야기를 하고 있는데 상대방이

아무 말도 하지 않는다면 가족 이야기를 멈춰야 한다. 더 나아가 가족 이야기를 물어보는 것은 결례이다. 반대로 상대방이 가족 이야기를 시작하면 당신도 함께 공감대를 만들어야 한다.

특히 이성뿐 아니라 부부 관계에서도 적절한 거리를 유지하는 것이 필요하다. 상대방에게 무리하게 다가가면 결국 상대방을 제약하게 되어 외려 관계를 해치게 된다.

안타까운 사실은 감정을 있는 그대로 표현하기가 어렵고 상대방에게 온전하게 전달되지 않는다는 것이다. 그렇기에 서로 오해를 하게 되고 집착을 하게 되는 것이다.

아무리 가까운 연인도 사랑하는 속도나 방식이 다르다. 서로가 다르기에 만남은 즐겁기도 하고 때로는 슬프기도 하다. 상대방을 사랑한다면 적절한 거리를 유지해야 한다. 쇼펜하우어의 고슴도치처럼 말이다.

50

사마리아 여인의 눈물

그날따라 사마리아 지방의 사막 언덕에는 태양이 뜨거웠다. 정오라 그 더위는 절정이었다. 사람들은 모두 집 안에서 이 태양을 피하고 있었다. 황량한 사막 언덕에는 태양에 더워진 뜨거운 모래바람만 불 뿐이었다. 이 더위 속에 한 남자가 목마름을 해결하고자 우물가에 앉아 있었다. 그런데 그 남자는 물을 먹지 않고 '수가'라는 마을을 바라보며 누군가를 기다리고 있었다.

모래바람을 뚫고 한 여인이 우물가로 다가왔다. 모래바람을 피해 얼굴을 감쌌지만 사실은 자신을 숨기고 있었다. 그녀는 항상 한낮에 물을 길어 왔다. 그녀는 마을 사람들을 피하고 싶었다. 남편이 다섯이나 되는 자신이 원망스러웠다. 사람을 만나는 것도 싫었다. 그녀는 우물가에 앉아 있는 한 남자를 보며 당황했다.

'아니 이 시간에 누구지? 나를 아는 사람인가? 지금 물을 길지 않으면 안 되는데….'

그녀는 재빨리 물을 길어 자리를 뜨고 싶은 마음뿐이었다. 우물에 다가가니 남자는 유대인이었다. 유대인은 사마리아 지역에 자주 오지 않을 뿐 아니라 서로 간에 말도 하지 않는 사이이다. 그녀는 마음이 더 급해졌다.

"여자여! 나에게 물을 좀 달라."

"어찌 저에게 말을 거십니까? 저는 사마리아 여인입니다."

"내가 어떤 사람인지 알았다면 너는 나에게 우물물이 아닌 생수를 달라고 했을 것이고 나는 그 생수를 주었을 것이다."

황당했다. 이 지역 근방에서 신선한 생수를 구하는 것은 불가능했다. 또한, 사람들이 보면 어쩌나 하는 불안한 생각이 들었다. 여인은 그 남자에게 면박을 주기 위해 말을 했다.

"아니 이 우물물은 우리 조상 야곱 때부터 사용한 물이에요. 당신이 초능력자라도 됩니까? 야곱보다 더 위대한가요?"

그녀는 비웃음과 조롱의 마음을 담아 그 남자를 바라보았다. 그런데 이상하게도 두건 너머로 본 그의 얼굴은 너무나 평화로웠다. 그의 눈빛은 그녀의 모든 문제를 감싸 안을 것처럼 깊고 입가에 띤 미소는 그녀를 위로하는 듯했다. 이렇게 평화로운 얼굴은 처음이었다.

"여자여! 지금 이 우물물은 다시 마르지만 내가 주는 물은 영원히 마르지 않는 생명수이니라."

그의 얼굴에는 확신과 자신감이 차 있었다. 그리고 정말 생명수를 가지고 있다는 생각이 들었다.

"선생님, 제게도 그 생명수를 조금만 주세요. 물을 길어 오기가 너무 힘이 듭니다."

매일 사람을 피해 물을 길어 온 자신의 마음의 무게가 육체적 무게보다 더 무거웠다.

"너의 남편을 데려오라."

그녀는 당황하기 시작했다. 잠시 고민한 끝에 나지막한 소리로 그 남자에게 말을 했다.

"저는 남편이 없습니다."

그 남자는 그녀의 말을 듣자마자 바로 말했다.

"남편이 없다는 네 말이 옳다. 너에게는 남편이 다섯 명 있었으나, 지금 너와 함께 살고 있는 사람도 사실은 네 남편이 아니다. 너는 바른말을 한 것이다. 여자여! 네 말이 옳다."

그녀는 자리에 주저앉아 조용히 울기 시작했다. 그 울음은 통곡이 되었다. 자신의 처지가 들통이 나서가 아니라 자신을 알아주는, 마음을 받아 주는 사람을 처음으로 만났기 때문이었다. 사람들은 남편이 다섯이나 있을 수밖에 없었던 처지를 인정하기보다 그동안 조롱하고 멸시했다.

"네 말이 옳다."라는 그 말 한마디에 그녀의 마음이 뜨거워진 것이다.

그 당시 유대인들은 사마리아인들을 짐승과 같은 존재로 취급하고 그들과는 말도 하지 않았다. 또한 우물가에 있던 사마리아 여인은 남편이 다섯이나 있는 부정한 여인이었다. 그럼에도 불구하고 예수는 그 여인에게 말을 걸 뿐 아니라, 물을 달라고 했다. 그리고 더 나아가 "네 말이 옳다."며 사마리아 여인의 처지를 있는 그대로 인정해 주었다. 상대방을 비난하거나 부정하지 않고, 있는 그대로 인정하는 것이야말로 대화의 출발점이다.

51

베드로의 눈물

나는 밤새 허탕을 쳤다. 게네사렛 호숫가에서 이렇게 밤새 고기 한 마리도 잡지 못하다니….

'넌 너무 무식해. 요령이 있어야지. 다른 쪽으로 가보든지. 머리를 써야지! 쯔쯔.'

그물을 씻고 있는데 저 멀리 언덕에서 사람들이 웅성거리는 소리가 들렸다. 한 남자가 사람들에게 말씀을 전하고 있다. 그 남자가 다가와 말을 했다.

"너의 배를 타겠다."

황당했다. 그런데 그 남자를 보는 순간 거부할 수 없는 힘을 느꼈다. 말로 표현할 수 없는 권위에 얼떨결에 말했다.

"예."

그 남자는 배 위에서 사람들에게 다시 말을 하기 시작했다. 박식하고 사람들을 끌어들이는 대단한 매력의 소유자였다. 이야기를 마친 그 남자가 나에게 말했다.

"남자여! 깊은 데로 가서 그물을 쳐서 고기를 잡아라."

"저기 선생님, 제가 밤새 고기를 잡았는데 한 마리도 잡지 못했습니다. 하지만 선생님이 말씀하시니 한번 해 보겠습니다."

놀라운 일이 일어났다. 출항한 두 배 가득 고기로 넘쳐났다. 기적이었다.

"시몬 베드로야, 내가 너를 사람을 낚는 어부로 만들어 주마."

나는 정말 기뻤다. 그와 함께라면 성공하리라는 확신을 느꼈다.

그와 함께 한 지 3년이 지났다. 놀라운 것은 그가 많은 공부를 한 사람도 아니었고 나를 부자로도 만들어 주지 않았다. 그는 늘 가난하고 병들어 힘든 사람들과 함께 낮은 곳에 있었다. 세속적인 성공과는 거리가 멀었다.

그런데 그가 갑자기 우리를 떠난다고 했다. 종교지도자들과 갈등을 겪으며 상황이 계속 어려워졌다. 그는 나를 불렀다.

"베드로야, 내가 사람들에게 붙잡히는 날 밤, 너는 나를 세 번 부인할 것이다."

화가 났다. 내가 배운 것은 없지만 사람을 배신하는 일은 없었다. 더군다나 가족까지 버리고 3년 동안 그를 따랐다. 그런데 내가 배신할 거라고?

그가 잡힌 날 밤, 결국 나는 그를 세 번 부인했다. 지켜 주고 싶었지만, 내게 그럴 힘이 없었다. 아니 그럴 용기조차 나지 않았다. 그는 힘없이 사람들에게 잡혀 조롱과 멸시를 당하며 십자가에 못 박혔다.

군중 속에 숨어 그가 십자가에 못 박혀 죽는 모습을 보며 나는 절망했다. 자포자기하듯 다시 고향으로 돌아갔다. 할 수 있는 일이라고는 고기 잡는 일뿐이었다.

그런데 이게 웬일인가? 그분이 바닷가에 서 계신 것이 아닌가? 나는 무척이나 반가운 마음에 물에 뛰어들었다. 다가가 안아 드리고 싶었지만 그럴 수 없었다. 그를 옆에서만 바라보았다.

그는 우리와 아침 식사를 같이 했다. 그는 여전히 밝고 힘이 넘쳤다. 곁눈질을 하며 그분이 무사한 것에 감사했고 나를 어떻게 생각하실지 걱정이 되었다. 바로 그때 나를 불렀다. 가슴이 뛰었다.

그러나 그는 아무 말도 하지 않았다. 다만 나를 따스한 눈빛으로 바라보셨다. 정작 힘든 것은 그분이었는데 말이다. 그동안 얼마나 마음고생이 심했느냐고, 힘들지 않았는지, 지금 나와 함께 있어 행복하다는 말씀을 눈빛으로 전해 주셨다.

"시몬 베드로야, 너는 나를 사랑하느냐?"

나는 주저앉고 말았다. 눈물이 나왔다. 3년간의 바보 같은 행동이 떠올랐다. 그때 그분이 하셨던 언행이 마음으로 이해되기 시작했다. 그는 나를 있는 그대로 인정해 주었다. 잘못과 실수, 엉망진창인 인생 자체를 인정하고 있었다. 나는 마음이 뜨거워짐을 느꼈다.

"예수님! 제가 주님을 사랑하는 것을 주님이 아십니다."

예수는 상대방이 처한 상황을 정확히 알고 있었다. 그리고 상대방을 있는 그대로 인정했다.

"네 말이 옳다." 예수가 한 대화의 본질이다. 우리는 궁지에 몰린 사람을 비판하거나 추궁하지 않고, 있는 그대로 인정할 수 있는가?

당신의 대화를 생각해 보라. 상대방을 있는 그대로 인정하는가? 때로 무시하고 핀잔을 주지는 않는가? 상대를 이기기 위해 억지를 부리지는 않는가? 우리는 인정받기를 원한다. 당신도 인정받고 싶다면 상대방을 먼저 있는 그대로 인정하라. 결코 쉽지 않지만 거기에 답이 있는 것이 아닐까?

52

대화할 때
이것만은 지켜라

그라이스Herbert Paul Grice는 '대화의 3원칙'으로 협력성의 원리, 적절한 거리의 원리, 공손성의 원리를 주장했다.

협력성의 원리는 대화를 일방적으로 해서는 안 된다는 것이다. 역지사지의 관점 바꾸기pespective-taking뿐 아니라 순서 바꾸기turn-taking가 필요하다. 관점 바꾸기는 내 입장이 아닌 상대방의 입장에서 상황을 바라봐야 한다는 점이다. 순서 바꾸기는 쉽게 말해서 당신이 10분 동안 말했다면 상대방도 10분 동안 말할 수 있도록 하는 것이다.

협력성의 원리에는 양과 질, 태도의 규칙들이 포함되어

있다. 우선 상대방에게 필요한 정보를 전해야 한다. 즉 정보 과잉, 지나치게 말을 많이 하는 것은 안 된다는 것이다. 그리고 거짓 정보가 아닌 진실한 정보를 주어야 한다. 작은 부분일수록 왜곡하거나 과장하는 경우가 많다. 끝으로 명확한 태도로 말을 해야 한다. 얼버무리거나 이도 저도 아닌 것은 안 된다는 것이다.

두 번째 원리는 적절한 거리의 원리이다. 앞서 강조한 것처럼 상대방의 고유한 영역을 침범하지 않아야 한다는 것이다. 서로 가까워지기 위해 노력하면서도 각자의 영역을 지켜줘야 한다.

그라이스가 말한 대화의 세 번째 원리는 공손성의 원리이다. 나를 낮추고 상대방을 높여야 한다는 것이다. 대화를 하는 것은 내가 상대방을 필요로 한다는 신호가 아닐까?

대화는 상대방에게 당신이 내게 필요하다는 것을 보여주는 것이다. 그렇다면 나를 낮추고 상대방을 높이는 것이 좋다. 내 멋대로 말하고 상대방을 무시한다고 해서 내 기분이 좋아지고 원하는 대로 관계를 맺게 되었는가? 다만 그 상황이 잠시 제어가 되지 않아 감정에 휩싸이게 되어 상대방에게 실수를 했을 뿐이다.

당신의 말에 상대방이 깊은 고민에 빠진다. 그리고 하늘을 바라본다. 시간이 지난 후 당신을 찬찬히 응시하며 말을 이어간다.

상대방이 당신에게 마음을 열어 준 적이 있는가? 상대방이 하늘을 쳐다보며 깊게 생각한 후 당신에게 말한 적이 있는가?

우리는 거래 중심의 대화에 익숙해져 있다. 내 이야기를 늘어놓고 상대방에게 바라는 것만 질문한다. 하지만 진정한 대화는 변화 중심의 대화이다. 상대방의 생각과 느낌, 가치에 관심을 갖고 질문하는 것이다.

"더 말씀해 주세요. 솔직한 이야기를 듣고 싶습니다."

"정말 그렇게 생각하시는지요? 저도 공감합니다."

"어떻게 하면 좋을까요?"

"어떻게 하면 이 일이 가능해질까요?"

상대방의 가치를 존중하고 나란히 보조를 맞추는 것이야말로 진정한 관계를 만들 수 있는 대화이다. 내 의견만 말하지 말고 먼저 상대방의 이야기를 존중하자.

53

질문하면 뜻밖의
효과를 얻을 수 있다

아테네의 한 신전 앞에는 여느 때와 마찬가지로 수많은 사람들이 모여 있었다. 그들은 삶의 근본적인 고민부터 일상의 잡담까지 다양한 이야기를 나누고 있었다.

그날의 주제는 정의_{justice}였다. 과연 이 세상의 정의는 무엇이고 정의를 어떻게 구현할 것인가? 열심히 토론을 하고 있는 젊은이를 지켜보는 한 남자가 있었다. 어수룩했지만 날카로운 눈매와 깊은 표정이 범상치 않았다. 그는 그 젊은이에게 말을 건넸다.

남자 : 이보게 젊은이. 무엇에 관해 토론하고 있나? 궁금하니 알
　　　려주게.

젊은이 : 네, 정의에 대해 말하고 있었습니다.

남자 : 정의? 참 어려운 이야기이지. 그럼 자네는 정의가 무엇이
　　　라고 생각하나?

젊은이 : 정의요? 저는 정의가 엘리트들의 선이라고 생각합니다.

남자 : 그렇군. 일리가 있네. 그런데 엘리트들은 사람인가 사람
　　　이 아닌가?

젊은이 : 에이, 물론 엘리트들도 사람이지요.

남자 : 그렇다면 궁금한 점이 있네. 사람이라면 실수를 하나 실수
　　　를 하지 않나?

젊은이 : 당연히 실수를 하겠죠.

남자 : 그렇다면, 이상하지 않은가? 실수를 할 수 있는 사람들의
　　　선을 정의라고 한다면 그 정의가 옳은 것인가?

젊은이 : 글쎄요.

남자 : 정의는 변하지 않는 진리여야 하지 않나?

젊은이 : 그렇군요. 조금 더 생각을 해 봐야겠습니다.

젊은이는 고민을 한 아름 안고서 군중 속으로 사라졌다.

이 대화는 그리스의 철학자인 소크라테스와 젊은 트라시마코스가 '정의'에 관해 나눈 대화이다. 필자는 대화의 기술은 곧 질문의 기술이라고 생각한다.

누군가와 관계를 깊이 맺고 싶다면 질문을 해 보자. 우선 질문을 한다는 것은 관계를 맺고자 하는 신호이다. 상대방에게 관심을 보여 주고 마음의 문을 열게 한다. 특히 예수와 소크라테스의 질문처럼 마음의 경계심을 풀어 주고 지친 영혼에 위로를 준다.

질문을 들으면 아이디어가 생기기도 한다. 우리가 늘 사용하는 포스트잇 개발은 너무나 사소한 생활 속에서 시작되었다. 3M에 근무하는 아트 프라이의 아내는 성가 연습을 마치고 집에 돌아온 후 남편에게 이런 말을 했다. "여보, 성가 연습한 데까지 종이를 끼워 놓으려는데 다른 방법이 없을까요? 자꾸 종이가 빠지고 책이 구겨져요."

이 질문에서 아트 프라이는 아이디어를 얻어 포스트잇을 개발했다.

질문을 들으면 동기가 생긴다. "자네, 선배로서 후배들에게 조언해 주면 어떨까?"라는 질문을 보면 '~로서'라는 말에서 상대방이 나를 어떻게 평가하고 있는지를 알게 된다. 우리는 대화를 나누는 도중에 무심코 상대방을 규정하는 경우가 종종 있지 않은가? "선배가 왜 그래?", "아빠는 왜 그래?", 즉 질문으로 상대방에게 동기를 부여할 수 있다. 내가 바라보는 시각과 느낌을 알려 주고 상대방이 의미를 찾아 행동하게 만드는 것이다.

마지막으로 질문을 하면 설득할 수 있다. 만약 소크라테스가 젊은 트라시마코스에게 일장 연설을 했다면 어떤 결과가 나왔을까? 아마도 반감을 가졌을 것이다. 질문을 하면 상대방이 답변을 생각하면서 자신의 생각을 돌아보게 된다. 설교하기보다는 질문하여 적극적으로 대화하자. 우리도 경험에서 느끼듯 말을 하면서 생각이 정리되고 다시 한 번 고민하게 된다. 질문으로 설득해 보자.

54

대화는 탁구처럼 하라

이 책을 읽고 있는 당신, 바로 옆에 있는 사람에게 당신이 고민하고 있는 것에 관한 질문을 하나 던져 보자. 후속 질문은 하지 말고. 어떤 질문을 하여 상대방의 마음을 열어 많은 말을 하게 할 것인가? 질문을 듣고 난 다음 상대방이 얼마나 많은 시간 동안 이야기하는지가 중요하다. 질문 하나로 깊은 이야기를 할 리 만무하기 때문이다.

근황과 요즘 무엇에 관심이 있는지 물어보자. 어떤 사람에게는 "요즘 힘들지? 어때, 잘 지내?" 이런 말 한마디로 마음을 움직일 수 있다. 그 사람이 최근 좋지 않은 일로 힘들어

하고, 당신이 계속 관심을 가졌다면 이 말 한마디로 충분하다. 보통은 상대방이 최근 좋아하는 것, 몰입해 있는 것 등을 물어보는 것이다. 예를 들어 "요즘 등산에 푹 빠져 산다며? 주말에 어느 산에 다녀왔니?" 이 말 한마디면 등산에 관한 모든 것을 들을 수 있을지 모른다.

대화를 잘하는 사람은 질문도 잘한다. 한마디로 대화는 볼링이 아니라 탁구 같아야 한다. 일방적인 질문으로 끝나지 않고 상호작용이 이루어져야 한다. 탁구대화를 잘하는 또 하나의 방법은 자기 노출, 즉 자기 이야기를 적절히 하는 것이다.

재선에 성공한 미국 대통령 오바마. 대통령이 되기 전, 2004년의 오바마를 기억하는가? 그는 정치 신인이었다. 연방의원도 아닌 초선의 주 상원의원인 그가 4년 뒤 미국의 대통령에 당선되리라고는 그 누구도 상상하지 못했을 것이다. 오바마에게 티핑포인트는 2004년 6월에 있었던 민주당 전당대회 연설이었다.

그에게 주어진 시간은 단 17분. 그가 중요한 전당대회에서 연사로 나서게 된 것은 유색인종에 대한 배려 그 이상도 그 이하도 아니었다. 따라서 연설 시간 17분은 그에게 있어서 중요한 시간이었다. 하지만 놀랍게도 그는 그 중요한 시간 중 5분을 개인사를 이야기하는 데 할애했다.

흑인 아버지와 백인 어머니, 부모의 이혼 과정, 인도네시아인인 새아버지 이야기 등 다른 사람들이라면 차마 말할 수 없는 자신의 이야기를 솔직하게 그것도 중요한 앞부분에 배치한다.

오바마는 그 연설에서 미국 국민들에게 당시 대통령 후보였던 존 케리 후보보다 더 강한 인상을 남길 수 있었다. 4년 후 그는 미국의 대통령이 되었다. 다른 사람 앞에서 자신의 이야기를 한다는 것은 어렵기도 하지만 사람들이 공감했을 때 우리는 관계에 긍정적인 변화를 느끼게 될 것이다.

침묵의 이면

왜 대화를 나눌 때 가끔 침묵이 흐르는 걸까? 기본적으로 대화의 흐름에 문제가 있다는 신호일 수 있다. 어색한 침묵이 한동안 지속되는 것은 여간 불편한 것이 아니다. 불편함은 무의식적으로 이어져 상대방과의 관계가 어색해질 수 있다.

하지만 모든 침묵이 문제가 되는 것은 아니다. 침묵하면서 상대방과 교감하고, 때로는 상대방을 배려할 수도 있다. 상대방의 가슴 아픈 이야기를 들으며 잠시 멈춰 같이 아파하는 것은 그 어떤 미사여구보다 훌륭하다.

2012년 1월에 애리조나 주에서 발생한 총기 난사 사건 희생자들의 장례식이 열리는 강당은 자못 숙연했다. 오바마 대통령은 죽은 이들을 위해 추모 연설을 했다. 그는 총기 사건으로 죽은 아홉 살 소녀 크리스티나의 이야기를 하면서 그 죽음이 헛되지 않도록 하자고 말했다. 오열하는 유가족과 마주친 오바마는 그 순간 침묵했다. 그도 마음이 아팠고 눈물이 흘러내렸기 때문이다.

그리고 이어진 51초의 침묵. 사실 생방송 중계에서 10초 동안 아무 말이 없는 것은 방송 사고이다. 하지만 그 51초 동안 그 어떤 연설보다 큰 울림이 있었다. 나도 당신과 함께 아파하고 있다는 것을 보여 주는 것이기 때문이다.

많은 말로 슬픔을 표하는 것보다 침묵으로 깊은 마음을 전할 수 있었다. 침묵에는 들리지 않는 말이 있기 때문이 아닐까? 때로는 말을 잠시 멈추고 침묵하는 것이 어떨까?

56

생각을 객관화해서
바라보라

어느 날 번화가를 걷고 있는데 저 멀리 같은 팀 동료
가 보였다. 기쁜 마음에 말을 걸려고 다가가는데 경쟁사 직
원과 이야기를 하고 있는 것이 아닌가? 경쟁 수주를 며칠 앞
둔 상황에서 동료가 왜 경쟁사 직원과 함께 있는지 의문이
들기 시작했다.

'회사 감사실에 연락을 해야 하나? 그냥 우연히 만난건
가?' 등 여러 가지 생각이 떠오른다. 이런 상황에서 우리는
보통 자신의 선입관으로 판단하는 경우가 많다. 이처럼 민감
한 사안을 이야기할 때는 몇 가지 사항을 고려해 말하는 것

이 관계를 위해서는 좋다.

먼저 있는 그대로의 상황을 말하라. 판단하지 말고 목격한 상황을 객관적으로 말하는 것이다.

"어제 ○○에서 밥을 먹고 나오다가 당신을 봤습니다. 경쟁사 직원하고 같이 있던데요."라고 말하는 것이 적절하다. 만약 단정 지어 말을 해 버리면 상대방은 변명을 하거나 마음을 닫게 된다. 다음으로 당신의 의도를 물어라. "솔직히 좀 당황했습니다. 제가 오해할지도 몰라서요." 오해할 소지가 있다는 것을 말하고 그 상황이 궁금하다고 말하는 것이다. 그리고 정중히 상대방의 생각을 묻자. "어떤 일이었는지 말씀해 주실 수 있나요?" 중요한 것은 단정적으로 묻거나 예단하지 말라는 점이다. 상대방의 이야기를 천천히 듣고 난 후에 의심을 해도 충분하다. 그런데 우리는 상대방의 생각을 묻기도 전에 그 상황을 판단하지는 않는가?

예단하고 판단하는 순간 관계는 오해의 나락으로 떨어질 수 있다. 상황을 객관화하는 것, 관계에서 무엇보다 중요하다.

57

집단사고의 위험

1961년에 미국의 케네디 대통령은 쿠바의 카스트로 정권을 무너뜨리려고 아주 독특한 계획을 세운다. 쿠바 난민 1,400명을 훈련시켜 쿠바를 침공한다는 계획으로, 공격이 시작되면 쿠바 국민들이 동조할 것이라고 믿었다.

하지만 결과는 참담했다. 1,400명 중 100여 명이 사망하고 1,000여 명 넘게 포로가 되었다. 나중에 미국은 5,300만 달러를 지불하고 포로를 돌려받는 굴욕을 당하게 되는데 이것이 바로 피그스만 침공 작전이다. 그 어느 정권보다 우수한 인재가 많았던 케네디 정부가 왜 이런 무모한 작전을 감행했을까?

사회심리학자인 제니스Irving Janis는 바로 '집단사고Group-think' 때문이라고 말한다. 하버드 대학교 출신의 대통령, 국방장관, 법무장관, 안보보좌관 등이 모여 회의를 하고 결정을 내리는 동안 아무도 반대 의견을 제시하지 않았기 때문이다. 실패할 가능성을 언급조차 하지 않았다.

1986년에 발생한 우주왕복선 챌린저호 폭발 사고도 집단사고의 사례로 꼽힌다. 협력 업체 기술자가 부품 결함 가능성을 제기했지만 나사의 전문가들은 소수 의견으로 치부했고 이것은 사고로 이어졌다. 제니스 박사는 외부와 고립된 환경과 권위적 리더십, 그리고 구성원이 스트레스를 받을 때 집단사고가 발생한다고 주장했다.

당신의 직장과 가정은 열린사고가 보장되어 있는가? 집단사고를 막을 방법이 준비되어 있는가?

우리는 오늘도 회의를 한다. 거창한 회의가 아니더라도 여러 사람과 의견을 모으는 일을 하게 된다. 그 회의시간에 모든 구성원이 개방된 분위기 속에서 다양한 의견을 내놓는가? 아니면 몇몇 사람이 주도하며 이끄는가?

회의를 한다는 것도 다른 사람들과 관계를 맺는 일이다.

그리고 일정한 결과를 얻는다. 많은 구성원이 합리적인 의견을 개진하고 생산적인 회의를 하기 위해서는 회의 진행자의 역할이 무엇보다 중요하다. 비판하는 사람을 막지 않고 모든 사람이 의견을 편하게 말할 수 있도록 환경을 만들어 줘야 한다.

58

갈등 다시 보기

남편은 휴일에도 직장에 나가 하루 종일 일을 하고 들어왔다. 피곤했다. 집에 들어오니 아이들은 방에서 각자 일을 하느라 정신이 없다. 아내도 그리 자신을 반기지 않는 눈치였다. 지친 몸을 소파에 기대고 텔레비전을 켰다. 그때 들려오는 한마디. "TV 꺼. 아이들 공부하잖아."

차라리 밀린 잠을 자는 것이 좋을 것 같아서 안방에 들어갔다. 또 들려오는 소리. "준원이 씻기고 놀아줘."

남편은 집에서 쉬고 싶었다. 아내는 남편이 집에 돌아와 텔레비전만 보고 아무 일도 도와주지 않는 것에 화가 치밀었다. 남편은 방으로 들어가려고 했다. 그러자 이어지는 아내의 한마디. "여기 앉아봐. 이야기 좀 하자." 문제를 해결하기 위해 대화를 시작했지만 결국 싸움으로 끝났고, 그날 밤 각자 다른 방에서 잤다.

남편의 목표는 가정의 행복이다. 그렇기 때문에 일도 열심히 한다. 남편처럼 아내의 목표도 가정의 행복이다. 그런데 이것을 추구하는 방식에서 차이가 있다. 남편은 일을 통해 행복을 추구하고 아내는 나름대로 집안에서 행복을 찾고 있다. 서로의 다름을 인정하고 받아들일 때 방식은 다르지만 같은 목표를 향하고 있다는 것을 깨닫게 된다.

김 대리는 너무 얄밉다. 일도 별로 하지 않으면서 당신이 정리한 파일을 가지고 생색을 낸다. 과장님 앞에서 자신이 한 것처럼 떠벌리고 심지어 핀잔을 주기도 한다. 하루는 김 대리의 지시대로 분기 보고서를 정리하던 중 거래 업체 세부 현황을 뺐다. 당신이 양이 많더라도 별도로 첨부하는 것이 좋겠다고 주장했지만 김 대리는 사족이라고 삭제하자고 했다.

다음날 과장님께서 임원 회의를 마치고 나와서 화를 내셨다. 왜 거래 업체 세부 현황이 없느냐는 것이었다. 그리고 침묵. 아니나 다를까 김 대리는 당신을 보며 왜 그렇게 했느냐고 다그쳤다. 당신은 과장님께 김 대리가 시켜서 정리만 한 것이라고 말을 했지만 과장님께서는 들으려 하지도 않으셨다. 임원 회의에서 질책을 당했기 때문이다.

과장님께서 한바탕하고 나가신 후, 당신은 김 대리에게 따졌다. "대리님 너무 하시잖아요? 대리님 지시로 뺀 건데…" 그때 김 대리는 "이봐 우리는 한팀이야. 그리고 자네도 동의했잖아?" 당신은 그날 김 대리를 안주 삼아 소주를 마셨다.

회사의 경우는 어떠한가? 같은 동료로서 관계가 더 깊어지고, 접촉이 많아질 수밖에 없다. 그런 과정에서 서로 생각하는 목표와 방식이 다르다 보니 충돌을 겪게 되는 것이다.

핵심은 서로가 필요하기 때문에 갈등이 깊어지는 것이다. 그런데 자신의 방식으로 상대방을 조절하려고 하기 때문에 문제가 생긴다. 상대방도 자신이 원하는 대로 당신이 생각하기를 바라기 때문이다.

더 큰 문제는 당신이 나름대로 노력하고 배려하려고 해도 상대방은 이해하지 못하고 자기 방식을 고집하는 경우이다. 이럴 때는 냉정하고 전략적인 판단이 필요하다. 이 어려움을 감수하고 유지할 것인가 아니면 냉정하게 관계의 단절을 선언할 것인가?

갈등의 학문적 정의는 '상호 의존적 관계를 가진 최소 두 명 이상의 당사자들이 서로 양립 불가능한 목표를 지니고 있을 때 각자의 목표를 추구하는 과정에서 발생하는 충돌'이다. 여기에서 상호 의존적 관계, 목표, 커뮤니케이션의 방식이라는 키워드를 생각할 수 있다. 앞서 예로 든 경우를 보면 모두 서로에게 필요한 관계이다. 부부, 연인, 직장 동료 등은 모두 상대방을 필요로 한다.

나와 관계없고 필요 없는 사람이라면 무시하면 된다. 설령 갈등이 생겨도 즉시 해소할 수 있다. 왜냐하면 다시 만나지 않으면 그만이기 때문이다. 갈등이 깊어진다는 것은 서로가 필요하다는 증거인 것이다. 이렇게 생각한다면 갈등을 해결하려는 최소한의 의지가 생기지 않을까?

59

우리의 관계는
어디쯤 와 있을까?

관계는 성장한다. 처음에는 서로의 신변잡기식 일상만 알고 있다가 관계가 성장할수록 내면의 이야기를 나누면서 서로의 진실한 모습을 보게 된다. 그리고 정체되면서 관계가 단절된다. 관계의 성장 단계를 알게 되면 현재 자신의 상황을 조금 더 객관적으로 알 수 있다. '관계의 성장 과정 이론(발스토름Wahlstorm의 6단계)'을 살펴보면 다음과 같다.

1단계는 근접성과 기회이다. 관계는 접촉으로 이루어진다. 미디어가 발달하여 다른 방식으로 관계를 형성할 수 있지만 대인 관계의 궁극적인 핵심은 접촉이다. 서로 보고 느끼는 과정에서 관계가 형성된다.

2단계는 매력이다. 인간적인 끌림을 느낀다. 유사성과 상보성의 원리에 근거해서 작동된다. 유사성은 나와 비슷한 점에 끌리는 것이고, 상보성은 나의 부족한 부분을 채워 주는 것에 매력을 느끼는 것이다. 신체적 매력, 우월성, 공감력, 개성 등 독특한 특징이 상대방을 사로잡게 된다.

3단계는 자아 노출이다. 드디어 서로의 마음을 열고 나눈다. 서로 이야기를 하며 상대방의 정체성을 파악한다. 만남의 횟수가 늘고 여러 가지 이야기를 나누는 단계이다.

4단계는 신뢰이다. 내가 어려운 일을 당할 때 그 사람만큼은 나를 믿어줄 것이라는 믿음이 생긴다. 이제 이 사람과 그 어떤 일을 해도 괜찮을 것이라는 믿음이 생긴다.

5단계는 안정화인 균형이다. 하지만 안정적인 만큼 열정적이지는 않다. 그저 상대방을 안정적인 파트너로 보고 일과 관계의 균형을 맞춘다. 부정적으로 보면 정체기라고 할 수 있다. 마지막 6단계는 해체이다. 서로 차별화하고 회피하는 단계이다.

발스토름Wahlstorm의 단계이론에서 약점이 있다면 관계의 해체 단계가 갑자기 나온다는 점이다. 해체 이전의 정체기,

회피 등의 단계도 포함된다. 그런 점에서 냅_{Knapp}의 단계 이론은 설득력이 있다. 단계 이론은 아래와 같다.

시작 - 실험 - 강화 - 통합 - 유대 - 차별화 - 경계선 긋기 - 정체 - 회피 - 해체

재미있는 것은 실험 단계가 있다는 것이다. 소위 말해서 서로 탐색하는 것이다. 이 사람이 나와 마음을 나눌 수 있는 사람인지 이야기도 나누어 보고 같이 시간을 보내며 상대방을 관찰하는 것이다. 또한 차별화의 단계로 해체를 준비한다. 유대를 강화하다가 서로의 문제를 발견하고 서서히 분리해 나가는 과정이다. 서로가 같아지기를 갈구하다가 차이점과 한계를 보고 서서히 갈라진다.

이처럼 관계는 성장한다. 당신이 만나고 있는 여러 사람들과의 관계는 어느 단계에 속해 있는가? 혹시라도 차별화의 단계나 해체의 단계에 들어섰다면 왜 그런지, 어떤 문제가 있는지 생각해 보라. 때로는 상황을 차분하고 냉정하게 바라보는 것이 필요하다.

관계의
주파수를 맞춰라

관계의 발전 단계를 지속하기 위해서는 무엇보다 주파수 맞추기가 필요하다. 부부 관계를 보면 상당히 오랜 시간 함께 살아야 한다. 어쩔 수 없는 상황 논리로 참고 살기도 하지만 행복하게 상대방을 배려하며 사는 사람들의 공통점은 끊임없이 주파수를 맞추며 산다는 것이다.

처음에는 아주 기본적인 것을 합의하고 양보하는 것이 필요하다. 시간이 지나면서 교육, 생활 관리, 이사 문제 등 더욱 복잡한 사안들이 계속 발생한다. 신혼 초에는 기본적인 합의로 관계를 유지할 수 있었다. 하지만 결혼 생활이 길어지면 논의하고 합의하며 맞춰 나가야 하는 문제가 많이 생긴다. 즉 단파에서 FM 고주파로 주파수를 업그레이드하는 것이 필요하다. 이것은 한쪽만의 의지와 합의로 이루어지는 것이 아니다. 상대방을 인정하고 양보해야 한다. 필자가 강조하고 싶은 것은 주파수를 맞추기 위해서는 반드시 양보가 필요하다는 점이다. 너무 손해를 보지 않으려고 하면 관계를 해체하는 수순을 밟게 된다. 손해는 물질적 손해가 아닌 감정의 손해이다. 특히 언쟁을 할 때 상대방을 이기려고 심한 말을 하게 된다. 상처를 들추고 아프게 하는 것이다. 말싸움으로 억누르려고 한다. 그런데 시간이 지나서 곰곰이 생각해 보자. 상대방을 말로 이겨서 달라진 것이 있었는가? 그래서 행복한가? 그 당시에는 어떠했을지 모르지만 말로 이기려는 것은 하수이다. 그리고 그런 말을 하면서 뇌는 분노의 호르몬으로 가득 차게 되고 점점 감정의 조절이 어려워진다.

　너그러운 마음이 필요하다. 지금의 행복을 유지하기를 원한다면, 아니 행복해지기를 원한다면 주파수를 업그레이드해야 한다. 그러기 위해서는 우선 당신이 먼저 내려놓아라. 그리고 행동하라. 그러면 상대방이 바뀔 것이다.

61

갈등을 폭발시키는
세 가지 말

우리는 관계를 맺으면서 상대방을 알아가게 된다. 그런데 역설적인 것은 상대방을 많이 아는 것은 그만큼 약점을 많이 안다는 것과 같다. 관계가 좋을 때는 문제가 없지만 갈등이 생기면 상대방에게 피해를 주기 위해 약점을 건드리게 된다. 거의 랩을 하듯이 속사포처럼 말하며 상처를 주고 상대방도 역시 맞받아친다. 그러면 돌이킬 수 없는 지경에 이른다. 아무리 화가 나고 갈등이 심해도 다음의 말들은 피하도록 하자. 이런 말을 하는 순간 우리는 갈등의 폭풍 속으로 빨려 들어가게 된다.

먼저 정체성을 훼손하는 말이다. 상대방이 처한 위치와 상황을 비하하는 말로 직장, 가정, 학교 등에서의 위치를 깎아내리는 것이다. 그것은 상대방의 자존감을 무너뜨리는 행동이다. "너희 회사 진짜 별로더라.", "너희 집은 왜 그러니?", "거기 나와서 취업은 되겠니?", "과장이라는 사람이 왜 그래?"

두 번째는 상처, 트라우마를 건드리는 것으로 상대방이 살아오면서 겪었던 아픈 기억들을 언급하는 것이다. 이혼, 이별, 마음의 상처, 아픔 등이다. 가장 치명적인 것은 "네가 그러니까 그런 일을 당한 거야."이다. 이 한마디면 갈등의 폭풍 속으로 향하는 직행버스에 올라타게 된다.

세 번째는 상황을 고려하지 않는 말이다. 상대방이 정신없이 바쁘고 마음의 여유가 없다면 그 상황을 배려해야 한다. 시험, 중요한 발표, 승진, 힘든 집안일 등의 버거운 일이 있는데 그것을 가볍게 여기는 것은 상대방을 무시하는 것이다. "별거 아닌데 뭐. 대충 해.", "왜 그래? 아마추어 같이, 그냥 하면 돼." 당신은 그리 중요하지 않다고 생각해 무심코 뱉은 말이 상대방에게는 큰 스트레스가 될 수 있다는 사실을 명심하자.

62

스트레스 상황에서의
긴급 조치!

자극과 반응 사이에는 공간이 있다. 즉 화가 나는 일이 벌어졌을 때 학습된 자극(경험)에 의해서만 반응하는 것이 아니라 반응을 선택할 수 있는 능력이 있다고 한다. 공간이 있는 것이다. 바로 신체의 변화이다. 얼굴이 달아오르거나 호흡이 가빠진다. 심장이 터질 듯하고 짜증이 온 몸으로 퍼진다.

이러한 신체적 변화가 일어나는 짧은 순간을 잘 파악하는 것이 무엇보다 중요하다. 그 순간을 제대로 조절하지 못하면 감정의 폭풍우 속으로 빨려 들어갈 확률이 높기 때문이다. 기억하자. 자극이 있으면 신체 변화가 있고, 이 신체 변화 뒤에 화가 났다는 인지가 생기는데 그 전에 내 마음을 다스려야 한다는 사실을 말이다. 내가 화가 났다고 판단하면 그 다음부터는 자기방어, 상대방을 향한 공격 모드로 전환된다. 상처받은 자신을 지켜야 하기 때문에 더 이상 이성적 판단은 어렵다. 그다음에는 전쟁이다.

우선 신체의 변화가 느껴진다면 잠깐 그 자리를 피하자. 다툼이 벌어지거나 자극을 받아 몸에서 변화가 느껴지면 그 공간을 빠져나오는 것이 중요하다. 아무 말 없이 나가지 말고 "생각 좀 정리하고 싶어. 잠깐 나갔다 올게." 하고 피하는 것이다.

잘 생각해 보자. 몸의 변화가 느껴진 후 이성적이고 논리적인 대화가 진행된 적이 있었던가? 당신이 받은 스트레스만큼 상대방도 위협을 느끼게 되고 그때부터는 당신이 듣고 싶은 이야기나 행동을 할 확률은 낮아진다. 화가 난 당신의 모습을 보았기 때문에 자기방어에만 집중하게 된다.

상대방도 자기중심적으로 생각하기 때문에 왜 당신이 화를 내는지 이해를 하지 못한다. 오직 자신을 방어하기 위해 온 신경을 곤두세울 뿐이다. 자리를 피하고 몸의 긴장을 풀

자. 깊이 숨을 들이마시고 스트레칭을 통해 경직된 근육을
풀어 주는 것이다.

피하기 – 이완하기 – 객관화하기

발표 불안증도 몸이 경직되면서 시작한다. 경직된 몸은
다시 뇌에 신호를 준다. "너 긴장했어. 조심해." 이런 신호가
뇌로 들어가면 몸은 더욱 경직되고 무거워진다. 따라서 몸을
이완하면서 뭉친 근육을 편하게 만들어야 한다.

한고비를 넘겼다면 생각해 보자. 상황을 객관적으로 판단
해 보는 것이다. 감정의 소용돌이에서 벗어나 한 발짝 뒤로
물러서 그 상황이 과연 '자신의 생존에 위협이 되었는지, 그
과정을 통해 자신이 얻게 되는 것이 무엇인지' 고민해 보자.
상대방을 자신의 의지대로 하고자 하는 고집일 경우가 많다.
이런 상황을 이해하면 내 마음은 안정될 것이다.

63

갈등이 생겼을 때
이렇게 하라

우리는 기본적으로 선입관을 바탕으로 의도와 추측을 많이 하기 때문에 문제가 발생한다. 특히 갈등이 깊은 사람과 대화할 때에는 또 다른 갈등을 일으킬 확률이 높다. 서로에게 감정의 찌꺼기가 남아 있기 때문이다.

《비폭력 대화》의 저자인 로젠버그Marshall B. Rosenberg는 비폭력 대화법으로 4단계를 제시했지만 필자는 한 단계를 더 추가해서 갈등 대화 5단계를 제시하고자 한다.

1단계. 관찰하기 : 사이가 좋지 않은 사람이 당신을 향해 웃으며 들어온다. 그때 당신은 어떻게 반응하는가? '저 녀석이 왜 웃고 들어오지? 나보고 웃는 거지. 아휴 저 자식은 말이야…' 솔직히 이런 경우가 많이 있지 않은가? 그렇지 않다면 당신은 감정 조절을 대단히 잘하는 사람이다. 있는 그대로 상황을 보는 것이다. 상대방이 자신을 보고 비웃는다고 섣부르게 판단하지 말고 관찰하자. 상대방이 웃으면서 들어왔다는 사실만 보자. 평가하지 말고 관찰하면 된다.

2단계. 느낌 확인 : 상대방에게 문제를 전가하면 안 된다. 보통 우리는 자신을 향해 비웃으며 들어왔다고 상대방에게 책임을 전가하는데, 문제를 자신에게서 찾아야 한다. 즉 '내가 웃길 만한 행동을 했는가?', '내 주변에 웃을 만한 상황이 있는가?' 등을 생각해 보는 것이다. 그리고 어떤 느낌이 드는지 확인한다. 상대방이 웃고 들어왔으니 왜 웃고 들어왔는지 궁금하다. 자신의 느낌과 생각을 편견 없이 보는 것이 느낌 확인이다.

3단계. 요청하기 : 가장 어렵고 힘든 부분이다. 느낌을 확인했다면 그 느낌과 궁금증을 상대방에게 긍정적이고 겸양한 말로 전달하는 과정이다. "(짜증 섞인 목소리로) 아까 왜 웃으면서 들어왔어요?" 이렇게 말하면 복잡해진다. 차라리 "무슨 좋은 일 있으신가 보네요?"라든지 "왜 웃으셨는지 궁금한데요. 말씀해 주실 수 있으신가요?" 정도면 괜찮다. 그런데 상대방이 "너 때문에 웃었다. 왜?"라고 하면 바로 격투기에 돌입한다. 그런데 한번 생각해 보자. 사이코패스가 아닌 이상 그렇게 말할 사람은 없다. 가장 얄미운 사람은 "참 이상하시네. 저 안 웃었어요."라고 말하는 사람이다. 이때 당신이 "(따지듯이) 웃었잖아요?" 이렇게 말하면 또 격투기에 들어간다. 그냥 부드럽게 말을 하는 것으로 족하다. 답은 상대방의 몫이다.

4단계. **수용하기** : 상대방이 어떤 반응을 보이든지 그냥 있는 그대로 받아들이라는 이야기이다. 도발을 하더라도 즉각 반응하지 말고, 그냥 있는 그대로 받아 주는 것이다. 로젠버그는 1단계에서 4단계를 세 번 정도 하라고 주장한다. 한 번은 나를 위해서 두 번은 상대를 위해서, 세 번은 관계를 위해서이다. 자신은 그냥 수용했지만 그 어떤 말과 행동보다 더 강한 커뮤니케이션을 상대방과 한 것이다. 자신이 원하는 답이 나오지 않았다고 상대방을 다그쳐 봐야 원하는 것을 얻을 수 없다. 기분만 상하고 갈등만 깊어진다. 그냥 수용하는 것으로 상대방에게 자신이 더 감정적으로 건강한 사람임을 객관적으로 보여 주게 된다. 무위無爲가 최고의 한 수이다.

5단계. 거리 두기 : 이 단계는 필자가 주장하는 것이다. 사이코패스는 정신병자나 살인자가 아니다. 공감 능력이 떨어지는 사람이다. 즉 우리 주변에서 얼마든지 볼 수 있는 사람이다. 조직 안에 사이코패스가 7~8% 정도 있다는 연구 결과도 있다. 이런 사람들을 대상으로 아무리 선의를 가지고 접근한다고 하더라도 상대방은 변화하지 않을 확률이 높다. 이렇게 되면 성인군자가 아닌 이상 누구나 지친다. 결국 관계를 맺는 것도 인류의 평화와 번영을 위한 것이 아닌 바로 나 자신을 위한 작업이 아닌가? 변하지 않는 사람에게 투여할 힘을 차라리 다른 곳에 쓰는 것이 훨씬 더 낫다.

당신은 이 과정을 진심으로 4단계까지 서너 번 시도했는데 아무런 미동도 하지 않는다면 적절한 거리를 두어라. 거리를 둔다고 해서 완전히 관계를 단절하라는 것은 아니다. 조직 안에서 매일 마주치는 상사와 관계를 단절할 수는 없지 않은가? 상대방이 당신에게 따뜻한 배려를 할 것이라고 여기지 말자. 불가원 불가근不可遠 不可近. 너무 멀지도 그렇다고 너무 가깝지도 않은 적절한 거리를 유지하는 것이 가장 효과적인 방법일 수 있다.

64

태양은 다시 떠오른다

관계에 있어서 갈등은 바다에서 몰아치는 폭풍우와 같은 것이다. 잔잔하고 문제가 없다가도 예기치 않은 곳에서 심각한 갈등을 만날 수 있다. 이 폭풍이 잠잠해지려면 하루가 걸릴 수도 며칠이 걸릴 수도 있다. 더 심각한 것은 이 폭풍우가 당신이 타고 있는 배까지 침몰시킬 수 있다는 점이다.

폭풍우를 이기려 하지 말자. 그냥 받아들이자. 일상에서 언제든 만날 수 있는 숙명으로 인정하자. 그런 자세로 갈등을 맞이한다면 심각한 피해를 예방할 수 있다.

갈등이 생겼을 때 최고의 해결책을 말한다면 그것은 바로

'인정'이다. 갈등이 생길 때 당신은 억울하고 답답하다. 상대방을 설득하려고 부단히 애를 쓴다. 그럴 때 상대방의 이야기는 들리지도 않고 짜증만 난다. 바로 그 순간 당신의 욕심과 언어, 생각을 내려놓고 상대방의 좋은 점을 인정하는 것이다. 성난 마음을 다독여 주는 것이다. "그래 알았어. 당신이 고생하고 노력한 것 인정해.", "힘들었겠다. 내가 미처 생각하지 못했네." 이 말 한마디면 족하다.

비록 억울하고 답답하더라도 이러한 폭풍우를 이기려면 방향키를 폭풍우가 몰려오는 방향과 일치시켜야 한다. 자신이 주도하려고 억지로 방향키를 조작하다가는 침몰할 수 있다. 스스로 인정하면 폭풍우는 잠잠해지고 태양이 떠오를 것이다.

65

남을 설득하기 전에
당신을 먼저 설득하라

남편은 오래전부터 주말 소풍을 약속했다. 그런데 막상 주말이 되니 부담이 된다. 이번 주에는 일도 많았기 때문에 주말에는 그냥 쉬고 싶다. 소풍을 가지 않았으면 좋겠다. 가더라도 가까운 곳으로 가고 싶다. 그래서 남편은 아이들과 부인을 설득한다. "이번 주말에는 꽤 춥다고 하네. 어쩌지?" 당연히 아이들은 무슨 소리냐고 계획대로 소풍을 가자고 한다. 그리고 아이들이 원하는 곳은 놀이동산. 남편에게는 최악의 시나리오이다.

남편은 날씨, 교통, 비용 등 여러 가지 핑계를 대지만 통하지 않는다. 우선 남편의 주장은 애매모호했다. 핵심은 소풍을 가고 싶지 않다는 것인데 그것을 숨긴 채 가까운 곳으로 가려고 하다 보니 무리수를 두게 되는 것이다. 설득하는 근거도 미약하다. 한순간 잔꾀를 부리다가 아이들과 아내에게 신뢰감만 떨어졌다.

조직 안에서 늘 있는 회의 시간도 마찬가지이다. 반대를 위한 반대를 하는 경우가 얼마나 많은가? 경쟁 관계에 있는 다른 사람이 제출한 기획안이 나를 불편하게 만들 수 있다. 그때 명확한 주장과 근거로 문제를 제기하기보다는 두루뭉술한 말로 공격할 수 있다. 그러면 감정만 상하게 되어 있다.

다른 사람을 설득하기 전에 생각해 보자. 나의 주장은 내가 마음속에서 진정으로 원하는 것인가? 자신을 속이고 있지는 않은가? 그렇다면 그 주장을 지지하는 근거가 얼마나 타당한가?

"다른 사람을 설득하기 전에 먼저 나 자신을 설득하라."

66

당신은
어떤 유형의 사람인가?

당신은 어떤 사람인가? 그리고 상대방은 어떤 사람인가?

사물을 보는 시각과 표현하는 횟수와 범위에 따라 사람을 네 가지로 유형을 나눌 수 있다.

먼저 사물을 긍정적으로 보면서 모든 사람에게 표현을 많이 하는 사람에게는 어떤 식의 접근 방법이 좋을까? 워낙 관계성이 좋고 말을 많이 하여 사람과 조직에 활력을 불어넣는 유형이기 때문에 열린 질문을 제시하면 된다. "요즘 어떻게 지내세요? 별문제는 없죠?"라는 화두만 던져도 가슴

속에 있는 이야기를 어렵지 않게 쏟아 낸다. 이때 상대방이 너무 많은 이야기를 하면서 주제에서 벗어날 수도 있다. 이럴 때는 구체적인 질문을 던져 이야기하던 주제로 다시 돌아올 수 있도록 유도하는 것이 좋다. 자신의 입장만을 말하게 하기보다는 다양한 사람들의 다양한 생각을 알려 주는 것도 필요하다. 충분히 받아들일 수 있는 유형이므로 지적도 효과적이다.

둘째, 사물을 긍정적으로 보면서 표현을 잘 하지 않는 몇몇 소수에게만 표현을 하는 사람은 진지하고 묵묵하게 자신의 일을 수행하는 사람으로 구체적인 질문이 필요하다. 차분히 상대방을 관찰한 후 파악한 내용을 바탕으로 세심하게 질문을 던진다. 적극적으로 말할 수 있는 분위기를 만드는 것이 중요하다. 특히 칭찬을 통해 상대방의 자존감을 키워 주는 것이 좋다. 이와 같은 질문 방식은 상대방으로 하여금 인정받고 있다는 느낌을 갖게 하기 때문에 관계 형성에 매우 긍정적인 효과를 낼 수 있다. 이러한 유형의 사람은 회의나 중요한 자리에서 자신의 의견을 피력하지 않아 오해를 사거나 좋은 기회를 놓칠 수도 있다. 관계 형성은 표현이 중요하기 때문에 이것이 원활하지 못하면 대인 관계에 문제가 발생할 수 있다. 이럴 때는 한발 더 나아가 표현하지 않음으로 해서 어떤 오해를 불러올 수 있는지 그동안의 경험과 사례를 제시함으로써 자연스럽게 깨닫게 한다. 그런 뒤에 시간이 지나면서 차츰 표현할 수 있도록 분위기를 만들어 준다.

셋째, 사물을 부정적으로 보면서 모든 사람에게 표현을 많이 하는 사람은 매사를 자기중심적으로 생각하는 경향이 강하여 사람과 조직에 해악을 끼칠 수도 있다. 어느 정도의 비판은 서로에게 도움이 되지만 그것이 습관적으로 반복되면 그러한 부정적 기운이 모두의 힘을 앗아 간다. 조직의 뒷이야기를 잘 하는 사람은 항상 불만이 많다. 따라서 역지사지의 마음을 가질 수 있도록 유도해야 한다. 이런 유형의 사람에게 무작정 지적만 하다가는 오히려 큰 반감을 불러일으킬 수 있으므로, 충분히 경청한 후 여러 가지 상황을 제시함으로써 다른 사람이라면 어떤 느낌을 가질지 생각하도록 유도한다. "당신은 이것이 문제입니다." 하는 식의 직접적인 표현보다는 "이런 경우, 이렇게 하면 어땠을까요?" 또는 "당신의 그런 행동을 다른 사람은 어떻게 생각할까요?" 등의 우회적이고 겸양한 표현을 사용하는 것이 좋다.

마지막으로는 가장 위험한 유형으로 사물을 부정적으로

보면서 표현을 잘 하지 않고 몇몇 소수에게만 표현을 하는 사람이다. 분노와 부정의 힘을 안으로 쌓아 두는 사람으로 불만이 없는 것이 아니라 마음속에 분노를 숨기고 있다. 겉으로는 웃으며 일정한 관계를 유지하지만 내부의 부정적인 시각을 억누르다가 한꺼번에 폭발하는 스타일로 그 폭발은 대부분 공격적이며 극단적인 행동으로 나타나기도 한다. 문제에 관해 먼저 이야기를 꺼내면 반발하기 십상이다. 먼저 가벼운 신변잡기로 말문을 열게 한 다음 스스로 자신의 생각을 표현하도록 유도해야 한다. 유의할 점은 이런 유형은 대화를 하는 도중에도 싸움을 걸어올 수 있기 때문에 인내를 가지고 근본적인 질문들을 해야 한다는 것이다. "요즘 어떤 일로 스트레스를 받나요?" 또는 "지난번에 보니까 몹시 피곤해 보이던데, 무슨 일이 있나요?" 하고 물어서 스스로 이야기를 하도록 유도한다. 직접적인 문제 제기로 갈등이 생길 요인을 부각시키기보다는 우선, 갈등의 감정을 표출하도록 유도하는 것이다. 이런 사람들에게는 스스로 분노를 표현할 수 있는 대화의 장을 만들어 주는 것이 무엇보다 중요하다.

67

설득, 서로가 이기는 게임

토론의 영어 단어인 디베이트debate는 공격적인 어휘이다. 'de'는 분리하다, 제거하다는 의미를, 'bate'는 전투에 뿌리를 두고 있다. 즉 상대방을 이겨야 하는 게임이다. 토론에 대한 학문적 정의를 보면 정해진 규칙에 따라 긍정과 부정으로 대립하는 두 팀이 주어진 논제에 관해 주장과 검증, 의논을 되풀이함으로써 이성적 판단을 내리는 과정이다. 우리는 이 중에서 배울 점만 얻으면 된다. 상대방을 단순히 이기는 것이 아니라 관계 안에서 설득할 수 있는 기술을 배워야 한다.

그것은 바로 정해진 규칙, 주장과 검증, 의논, 그리고 이성적 판단이다. 정해진 규칙은 순서를 지키는 것이다. 우리는 다른 사람을 설득할 때 자신의 입장만을 일방적으로 강요하는 경우가 많다. 그러면 당연히 말이 길어진다. 상대방을 설득하러 갔다가 짜증만 안고 돌아오는 경우이다. '7대 3의 법칙'을 권한다. 내가 먼저 상대방의 말을 7로 듣고 3으로 말을 하라는 것이다.

역설적으로 설득은 말을 많이 하는 것이 아니라 상대방의 말을 많이 듣는 것이다. 바로 그 지점에서 상대방의 논리를 알 수 있다. 질문을 한다는 것은 설득하는 것이다. 질문을 하면 상대방이 답을 하면서 자기 스스로 이해하는 것이다.

예를 들어 "저희 회사와 거래하시죠?"라는 말보다 "귀사에서 가장 중요시하는 요소는 무엇인가요?", "비용과 품질을 이처럼 명확히 제시한 제품이 있었습니까?"라는 질문이 설득에 효과적이다.

주장과 검증, 논의는 숙의deliberation의 과정이라는 점이다. 서로의 편견을 버리고 다양한 의견을 깊이 생각하고 충분히 의논하는 것을 말한다. 자신의 주장을 제시하고 상대방의 의견을 듣고, 자신의 주장을 수정하는 설득의 변증법이 필요하다.

　마지막은 이성적 판단이다. 판단은 결정하는 것이다. 다른 말로 승복할 수 있다는 것이다. 설득은 상대방을 이기는 게임이 아니라 서로가 이기는 게임이다. 그렇게 하려면 때로는 내가 설득을 당해야 한다. 그런 과정 속에서 관계는 더 튼튼해질 것이다.

68

설득의 정수

설득은 논리력과 표현력이 중요하다. 자기주장의 논리성과 그것을 적절히 표현하는 능력 말이다. 그런데 많은 사람이 세 번째 능력을 간과한다. 그것은 바로 태도이다. 내가 아무리 화려한 언변과 근거로 상대방을 설득한다고 하더라도 존중이 없다면 그것은 상대방을 굴복시키는 것이다. 그 자리에서는 설득이 되지만 상대방의 마음을 얻을 수 없다.

필자는 초등학교 시절에 교회를 열심히 다녔다. 특히 한 해를 마무리하면서 뽑는 전도왕이 되고 싶었다. 일 년 동안 교회에 다니지 않는 친구를 가장 많이 데려온 사람에게 주는 상이었다. 어린 마음에 그 상을 너무나 받고 싶었다. 프로젝트는 순순히 잘 풀렸다. 학교에서 반장이라는 지위, 그동안 쌓아 온 이미지 덕분에 많은 친구가 필자의 손을 잡고 교회에 나왔다. 그런데 문제가 생겼다. 꼭 전도하고 싶은 친구가 있는데 요지부동이었다. 먹을 것도 사주고, 선물도 주고, 달래기도 하고 약간은 협박하기도 했다.

이처럼 갖은 노력을 다해 설득을 시도했지만 움직이지 않았다. 힘들고, 지치고, 피곤했다. 이러한 문제를 가지고 목사님께 고민을 말씀드렸다. 그때 목사님은 이런 말씀을 하셨다. "은성아 너는 그 친구를 위해 최선을 다했니? 그럼 된 거야. 너는 그 친구의 마음에 씨를 뿌렸고, 그 씨의 수확을 꼭 네가 할 필요는 없단다. 때로는 기다릴 줄 아는 것이 최고의 설득이란다."

지금 생각해 보면 필자의 태도에 문제가 있었다. 전도왕이 되고자 하는 목표를 위해 수단과 방법을 가리지 않고 일방적으로 설득했다. 그 친구를 존중하지 않은 채 목적만을 생각한 것이다. 분명 그 친구에게는 교회에 나가지 않는 다른 이유가 있었을 것이다. 하지만 필자는 그것을 알려고도, 보려고도 하지 않았다. 오직 전도왕이 되는 것에만 집중한 것이다. 그로부터 많은 시간이 흐른 뒤, 전도하려고 했던 그 친구는 목사님이 되었다.

우리는 급하다. 상대방을 쉽게 설득할 수 없으면 불안하고 조급해진다. 자신의 주장만 늘어놓으며 급급해하는 경우가 많다. 결국 해답은 태도에 있다. 상대방도 나름의 사정이 있다는 것을 존중해야 한다. 그리고 최선을 다했다면 기다릴 줄 아는 것도 설득이다.

진심을 담아 내가 최선을 다해 설득했다면 그걸로 된 것이다. 변화는 천천히, 서서히 일어난다. 내가 그 자리에 서 있는 한….

당신의 삶
그 자체로 나아가라

오두막집에서 태어나 백악관 주인이 된 사람.

초등학교 교육까지 합쳐 정규교육이라고는 고작 1년밖에 받지 않았지만 분열의 시대를 설득으로 통합을 이루어낸 사람.

사후 그를 연구한 논문이 1만 6천여 종이나 나올 정도로 후대에 높이 평가를 받은 사람.

암살을 당한 후 추모객의 행렬이 2,800미터에 이를 정도로 수백만의 미국인에게 사랑을 받은 사람.

오바마와 같은 정치인들에게 수많은 영감과 방향을 제시

한 수많은 지도자의 리더.

바로, 못생긴 외모에 정규교육도 받지 못했지만 혼란의 시기 미국을 통합으로 이끈 링컨이다. 그는 설득력도 있었지만 영향력이 더 컸다. 설득력은 자신이 의도를 가지고 다른 사람에게 미치는 행위지만, 영향력은 자신의 인품과 행동으로 자연스럽게 다른 사람들에게 힘을 발휘하는 것이다. 링컨의 영향력은 바로 정직을 바탕으로 한 진정성이었다.

남북전쟁 시기에 남부군의 총사령관이었던 로버트 리 장군은 "우리는 북군에 항복한 것이 아니라 링컨의 정직과 선의 때문에 항복했다."라고 말했다. 링컨 연구가인 도널드 필립스는 링컨의 출신과 학력, 그리고 정책에 관한 비판은 있었지만 그의 정직과 성실에 이의를 제기하는 사람은 아무도 없었다."라고 말할 정도로 링컨은 정직했다.

"자신에게 이유 없는 중상모략을 하면 분노가 치밀어 오릅니다. 그리고 복수하고 싶어지죠. 하지만 명심하십시오. 가장 좋은 복수는 정직 그 자체입니다."

– 에이브러햄 링컨

관계의 기술 중 최고는 설득이 아닌 상대방에게 영향력을 지니는 것이다. 그것은 몇 가지 기술을 습득하거나 훈련으로 얻을 수 있는 것이 아니다. 자기 삶의 모습으로 자연스럽게 다른 사람들에게 감동을 주어야 한다. 좋은 향기가 서서히 퍼지는 것처럼 말이다. 링컨은 정직이라는 향기를 가지고 있었다. 지금 당신에게서 어떤 향기가 나고 있는가?

신뢰는 숲과 같습니다. 작은 불씨에도 언제든 타버릴 수 있습니다. 그만큼 관계에서 신뢰는 소중히 지켜야 합니다. 하지만 우리는 관계를 맺으면서 실수를 하곤 합니다. 때로는 신뢰의 숲이 타버리기도 하죠. 우리는 절망하고 벽을 쌓게 됩니다. 하지만 여러분! 가꾸기 힘든 관계의 신뢰도 다시 시작할 수 있다는 용기를 버리지 마십시오.

만약 신뢰의 숲이 타버렸다면 진실한 마음으로 묘목을 들고 가십시오. 그 묘목은 진심 어린 사과, 편지, 선물… 그 무엇도 상관없습니다. 다시 시작하고 싶은 진심만 담겨 있으면 됩니다. 그리고 잘못을 인정하고 다시 시작하자고 마음을 전하십시오. 타버린 숲은 버려진 것이 아니라 새로운 숲을 가꾸기 위한 거름이 될 수 있다는 것을 믿으십시오.

관계는 단 한 번의 실수도 용납하지 않는 기록경기가 아닙니다. 실수와 아픔 등이 켜켜이 쌓여 만들어지는 것입니다. 거기에는 끝도 완성도 없습니다. 현재 진행형입니다.

관계에 서툴고 엉망진창인 나를 인정하고 사랑하십시오. 그리고 용기를 가지고 관계의 숲, 신뢰의 숲을 가꾸길 바랍니다.